PHANTASIEVOLLE KINDERKOSTÜME

mit Anleitungen zum Schminken und Schneidern

XENOS Verlagsgesellschaft m.b.H.

PHANTASIEVOLLE KINDERKOSTÜME

mit Anleitungen zum Schminken und Schneidern

Deutsche Ausgabe:
ISBN 3-8212-0783-3

Am Hehsel 40, 2000 Hamburg 63
Übersetzt aus dem Niederländischen von Text & Sprache GmbH, Niederzier
Einbandgestaltung: Bernd Receveur, Hamburg
Satz: alphabeta Gerds & Kohn, Hamburg
Printed in Italy

Die holländische Originalausgabe erschien 1987
unter dem Titel „Ideën voor Kinderfeesten"
im Verlag Uitgeverij Helmond, Helmond

Inhalt

Einige Bemerkungen vorweg

Je mehr wir mit Kindern lesen, singen, spielen, Feste feiern, um so reichhaltiger werden ihre Erfahrungen sein. Verkleidungsspiele sind oft der Höhepunkt von Kinderparties. Verkleiden finden Kinder spannend, und es ist auch spannend. Jemand anderes und sogar etwas anderes zu werden, spricht sehr die Phantasie an.

Dieses Buch ist ein Ratgeber für die, die zusammen mit Kindern Verkleidungsspiele zu einem Erfolg werden lassen wollen. Es zeigt Ihnen 11 Muster für komplette Kostüme zu dem Thema „Frucht". Die hübschen Illustrationen lassen erkennen, wie Sie Ihr Kind in eine Banane, eine Apfelsine, eine Birne, eine Himbeere verwandeln können, um nur einige Früchte zu nennen.

Die leichten Muster und die klaren Anleitungen lassen jede Ihrer Kreationen gelingen. Die Stoffe, die wir für die Kostüme verwenden, sind in jedem Stoffgeschäft und auf Märkten erhältlich. Auch alte Kleidungsstücke und Stoffreste können dienlich sein.

Doch nicht nur das Kostüm, sondern auch die zugehörige Maske wird in diesem Buch beschrieben. Schritt für Schritt wird der Schminkvorgang anhand von Beispielen erläutert, und zwar so, daß Kostüm und Maske eine Einheit darstellen. Das Fest kann eigentlich schon nicht mehr mißlingen!

Allgemeine Anweisungen

Muster und Größen

Die Muster in diesem Buch sind maßstabgerecht gezeichnet. Jedes Kästchen des Musterbogens ist in Wirklichkeit 4 × 4 cm groß. Dieser Musterbogen ist in Handarbeitsgeschäften und Warenhäusern erhältlich.

Die 11 Kostüme für Kinder im Alter von ungefähr 5 bis 10 Jahren werden mit „small", „medium" und „large" bezeichnet. Small für Kinder von 5 und 6 Jahren, medium für Kinder von 7 und 8 Jahren und large für die größeren Kinder von 9 und 10 Jahren. Auf den Arbeitsbögen sind alle Muster für Overalls, Blusen und Hosen mit den Buchstaben „S", „M" und „L" bezeichnet.

Die „Fruchtkittel" und anderen „Umhüllungen" sind in einer einzigen Größe dargestellt, da sie über dem Kostüm getragen werden. Sie können diese Muster eventuell nach eigenem Geschmack vergrößern oder verkleinern. Es ist empfehlenswert, das Muster dem Kind zuerst einmal anzupassen, bevor Sie das Kostüm nähen. Überprüfen Sie vor allem die Länge von Ärmeln und Hosenbeinen. Die Paßform entspricht also *nicht* der normalen Kinderkleidung. Sie können Änderungen selbst vornehmen, indem Sie die Seitennähte verlegen oder Ärmel und Hosenbeine kürzen oder verlängern.

Es wurde durch eine klare und kurze Arbeitsanleitung danach gestrebt, die Anfertigung von Kostümen zu einer einfachen Sache zu machen. Die Overalls, Kittel und Blusen sind großzügig geschnitten. Lästige Verschlüsse sind durch Gummiband, Klettband, Haken und Ösen ersetzt worden. Das An- und Ausziehen bereitet auch den Kleinsten keine Schwierigkeiten. Die Kinder haben in dieser Kleidung optimale Bewegungsfreiheit.

Abschlüsse und Verschlüsse

Der Abschluß erfolgt mit einem engen Zickzackstich, mit Rollsäumen oder durch Umsäumen mit Schrägband. Als Verschlüsse werden Druckknöpfe, Haken und Ösen sowie Klettband genommen. Besätze und Umschläge sind nicht erforderlich.

Durchsteppen

Die Kittel und Capes sind lose Kostümteile, die mittels Durchsteppen auf einer Schaumstoffunterlage befestigt werden. Dieser Schaumstoff, ca. 1,5 cm stark, ist in fast jedem Textil- oder Ausstattungsgeschäft erhältlich und für diesen Zweck besser geeignet als die bekannte Fiberfüllung. Durch die rauhe Oberfläche läßt sich der Stoff leicht strammziehen und bleibt beim Nähen gut liegen.

Sie müssen nicht reihen, Anheften reicht aus.

Das Steppen kann auf der Nähmaschine schwergehen. Es gibt zwei Wege, das zu verhindern:

1. Sie bedecken den Schaumgummi an beiden Seiten mit Stoff, doch dann brauchen Sie die doppelte Stoffmenge.
2. Sie nähen auf der Rückseite des Schaumgummis einen Streifen Lösch- oder Toilettenpapier mit. Dieser läßt sich später leicht wieder entfernen.

Auswahl des Stoffs

Leicht dehnbare Stoffe wie Trikot, Baumwollfrottee, dünnes Leinen und ähnliche Stoffe sind gut zu verarbeiten und im allgemeinen nicht kostspielig. Gefärbte und bearbeitete Stoffe wählen Sie, wenn Sie nicht färben wollen. In diesem Fall können Sie auch synthetische Stoffe nehmen.

Im vorliegenden Buch kamen beide Möglichkeiten zur Anwendung. Wenn Sie die Stoffe ganz oder teilweise färben, nehmen Sie am besten die erstgenannten Stoffe, wobei Sie von einer weißen oder Naturfarbe ausgehen.

Färben

Sie können die Kleidungsstücke auf zwei Arten färben:

1. Schneiden Sie die Musterteile sehr großzügig aus dem Stoff aus, und färben Sie die Teile vor dem Nähen. Dazu brauchen Sie einen kleineren Topf oder eine kleinere Wanne als bei der zweiten Methode. Der Nachteil ist allerdings, daß der Schaumgummi, der später mit vernäht wird, weiß bleibt.
2. Die Musterteile werden zusammen mit dem Schaumgummi genäht und dann erst gefärbt. Dazu brauchen Sie einen größeren Topf oder eine größere Wanne als bei der Möglichkeit 1.

Anmerkung: Overalls, Blusen usw. färben Sie in einem Gang!

Verwendet wird Stoffarbe, die erhältlich ist in Drogerien, Supermärkten und Warenhäusern. Sie können zwischen Kaltwasserfarbe und Warmwasserfarbe wählen. Für die erste Art des Färbens brauchen Sie einen großen Plastik- oder Emailletopf; bei der zweiten Art ist ein Emailletopf erforderlich, der auf Gas benutzt werden kann. Halten Sie sich beim Anrühren des Farbpulvers und dem Zufügen von Salz und/oder Soda ganau an die Gebrauchsanweisung auf dem Päckchen. Das Färben des Stoffs in ineinander übergehende Farben erfordert einiges Geschick, aber es macht Spaß.

Beispiel: die Birne
Sie brauchen:
1 Dose gelbe Stoffarbe,
1 Dose grüne Stoffarbe,
1 Dose orange Stoffarbe,
Salz oder Soda
weißen oder
naturfarbenen Stoff
Schaumgummi

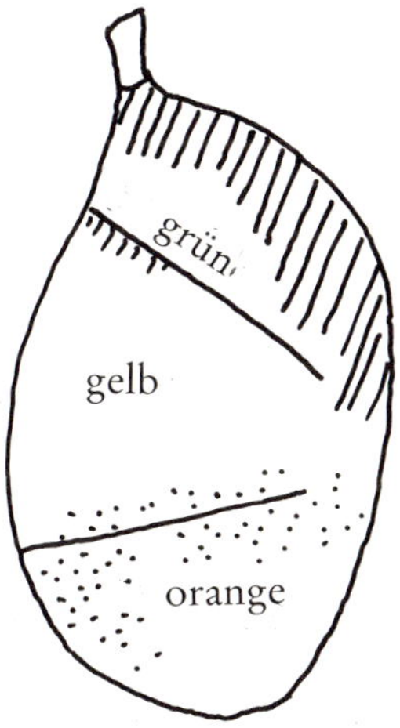

Und so wird es gemacht
Sie haben die beiden Musterteile genäht, ausgenommen den Stiel. Entsprechend der Gebrauchsanweisung setzen Sie nun das gelbe Farbbad an. Beide Musterteile werden als Ganzes gefärbt und dann gut ausgespült. Nach dem Farbbad den Stoff nicht trocknen.
Nun folgt das orange Farbbad. Sie tauchen die Musterteile ein Stück in das orange Farbbad und bewegen sie während der ganzen Färbezeit. Sie verhindern damit, daß ein klarer Farbrand entsteht. Auch jetzt wieder gut ausspülen und nicht trocknen. Der Färbeablauf für Grün ist der gleiche wie für Orange.

Die nassen Musterteile werden kurz geschleudert und danach getrocknet, niemals jedoch in der Sonne oder auf einer Wärmequelle, etwa einem Radiator. Wenn die Teile trocken sind, können sie mit einem lauwarmen Bügeleisen auf der Vorderseite noch einmal gebügelt werden.

Hinweis: Denken Sie daran, daß die Farbe auf dem nassen Stoff viel dunkler aussieht als auf dem trockenen. Sie können also ruhig bei der Farbgebung ein wenig „übertreiben".

Hinweis: Im selben Farbbad können Sie Strumpfhosen und andere Teile mitfärben sowie Teile für die Kopfbedeckung. Im allgemeinen brauchen Sie dafür nicht mehr Farbe als angegeben.

Hilfsmittel

Zum Schminken der passenden „Frucht"-Köpfe brauchen Sie einen Spiegel und gutes Licht. Arbeiten Sie immer direkt vor dem Spiegel, damit der Kopf das richtige Licht bekommt. Ein Tischspiegel ist sehr bequem, weil Sie sich dann frei bewegen können. Eine gute Spiegelgröße ist 60 × 40 cm, doch Sie können natürlich auch einen anderen Spiegel benutzen. Für die Beleuchtung ist eine Hobbyscherenleuchte sehr bequem.

Zum Schminken brauchen Sie weiterhin:
– *Schwämme:* zum Auftragen der Schminkfarben. Die Schwämme sind aus Schaumgummi, fühlen sich fettig an, sind rund und ungefähr 3 cm dick.
– *Stoppelschwamm:* für grobe Strukturen.
– *Pinsel:* in unterschiedlichen Stärken.
– *Bleistiftspitzer:* für weiche Bleistifte.
– *Puderquaste.*
– *Puderquast:* um überflüssigen Puder zu entfernen.
– *Stielkamm.*
– *Schere.*
– *Fensterleder:* Naturfensterleder, ca. 10 × 15 cm.
– *Köfferchen:* Gut ist ein Angelsportkoffer, in dem man Sachen aufbewahren kann.

Materialien

Es gibt zwei Arten von Schminke: Fettschminke und Wasserschminke. Fettschminke ist eine Creme, sie deckt weniger gut, doch sie läßt sich besser auftragen. Puder ist notwendig, um sie zu fixieren. Wasserschminke ist steif, doch sie deckt besser und muß nicht gepudert werden. Sie brauchen Grundfarbtöne in beiden Arten. Das sind Hauttöne, helle, dunkle, rote oder gelbe, je nachdem, was Sie darstellen wollen. Wenn Sie Wasserschminke benutzen, sollten Sie außerdem satte Farben wie Gelb, Grün, Blau, Violett usw. nehmen, um Figuren auf der Grundschminke aufzutragen.

Außerdem brauchen Sie:
– *Bleistifte:* weiche, fette Bleistifte (Hautmalstifte). Es gibt sie in verschiedenen Farben. Linien können Sie leicht zu Flächen verwischen.
– *Puder:* ein neutraler, leicht transparenter Puder.
– *Abschminke:* eine Art Vaseline, um Fettschminke zu entfernen. Wasserschminke entfernen Sie einfacher mit Wasser und Seife.
– *Seife:* um Hände und Schwämme zu reinigen und um Augenbrauen und Haare an den Schläfen eventuell wegzuschminken.
– *Haarnadeln:* verschiedene Haarnadeln, um Haare zu befestigen.
– *Wischtücher:* zum Entfernen von Schminke und zum Reinigen der Hände.

Banane

Stoff für den Overall
Braunes Trikot, 130 × 130 cm

Stoff für die Banane, die Kapuze und das Cape
Weißer Trikot (gewaschen), 150 × 120 cm

Außerdem
Klettband
Braunes Schrägband
Haken und Ösen
Gummiband
1 Dose gelbe Stoffarbe
1 Dose grüne Stoffarbe

1
Schneiden Sie den Overall aus dem braunen Stoff aus.
2
Nähen Sie die Seiten- und Schulternähte sowie die Innenbeinnaht. Nähen Sie teilweise die rückwärtige Mittelnaht.
3
Schließen Sie die Hosenbeine, die Ärmel und den Hals mit einem kleinen Saum ab. Ziehen Sie, wenn erforderlich, ein Gummiband ein. Schließen Sie den rückwärtigen Mittelschlitz mit Haken und Ösen.
4
Schneiden Sie die Banane 2× aus Schaumgummi aus.
5
Schneiden Sie die Schaumgummibanane 2× großzügig aus dem weißen Stoff aus.
6
Ziehen Sie den weißen Stoff stramm über den Schaumgummi, und befestigen Sie ihn mit Nadeln.
7
Nähen Sie den Stoff mit einem engen Zickzackstich am Rand des Schaumgummis an der Vorderseite fest. Den Rand des Schaumgummis können Sie leicht erfühlen und beim Nähen flachdrücken. Nähen Sie die Ziernähte.
8
Schneiden Sie den Stoff ab, der übrig ist.
9
Schneiden Sie die Kapuze aus dem weißen Stoff aus.
10
Schließen Sie die obere Naht, und bringen Sie an der unteren Seite einen Saum an.
11
Schneiden Sie die Kopfbedeckung aus dem Schaumgummi und gleichfalls großzügig aus dem weißen Stoff aus. Nähen Sie die Kopfbedeckung wie das Cape.
12
Fertigen Sie die Fußkappen aus Schaumgummi und weißem Stoff wie das Cape und die Kopfbedeckung.
13
Stellen Sie das gelbe Farbbad her.
14
Färben Sie Cape, Kapuze, Kopfbedeckung und Fußkappen nach der Gebrauchsanweisung. Spülen Sie gut aus, und halten Sie das Material naß.
15
Stellen Sie das grüne Farbbad her. Tauchen Sie alle Teile nacheinander teilweise in die grüne Farbe, und bewegen Sie sie während der Färbezeit hin und her. Spülen Sie sie gut aus, trocknen Sie sie, und bügeln Sie sie mit einem lauwarmen Bügeleisen.
16
Mit Schrägband können Sie – wenn Sie wollen – die Ziernähte auf den Bananen noch hervorheben.
17
Befestigen Sie Klettband an den Seiten der beiden großen Bananenteile.
18
Die Schultern werden mit einem Bändchen geschlossen.
19
Befestigen Sie die Kopfbedeckung auf der Kapuze.

Zubehör
Schuhe, auf die die Fußkappen genäht werden können.

Banane

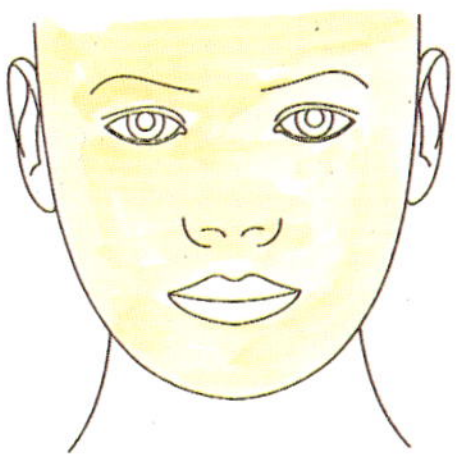

1 Eine zartgelbe Wasserschminke wird mit einem Schwamm aufgetragen.

2 Mit dunkelbrauner Schminke werden einige Linien gezeichnet.

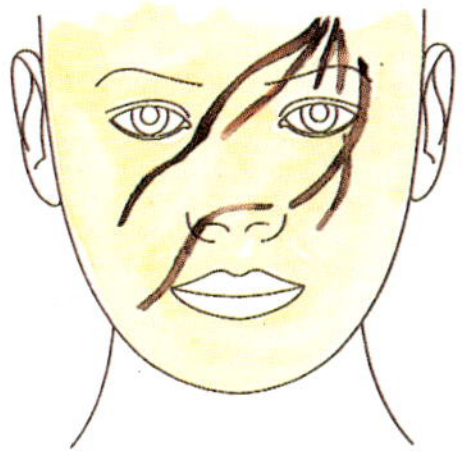

3 Auch in der Mitte des Gesichts, über die Nase hinweg, wird eine Linie gezogen.

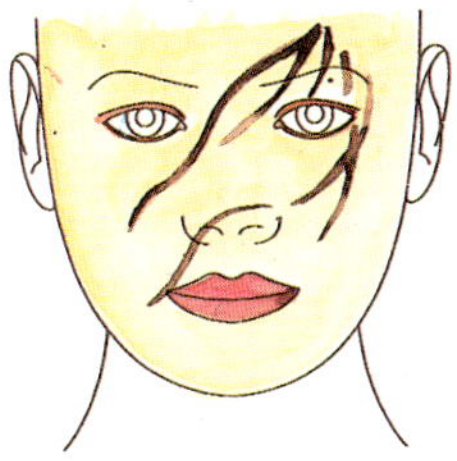

4 Die Lippen werden weinrot geschminkt.

Hinweise
Grundfarbton. Das Auftragen von Fett- und Wasserschminke erfolgt mit einem kleinen Schwamm. Dieser Schwamm muß ein wenig feucht sein. Damit wird etwas Schminke aus der Dose aufgenommen und mit Strichbewegungen auf das Gesicht aufgetragen, und zwar von der Gesichtsmitte hin zu den Seiten und von oben nach unten.

Muster Banane

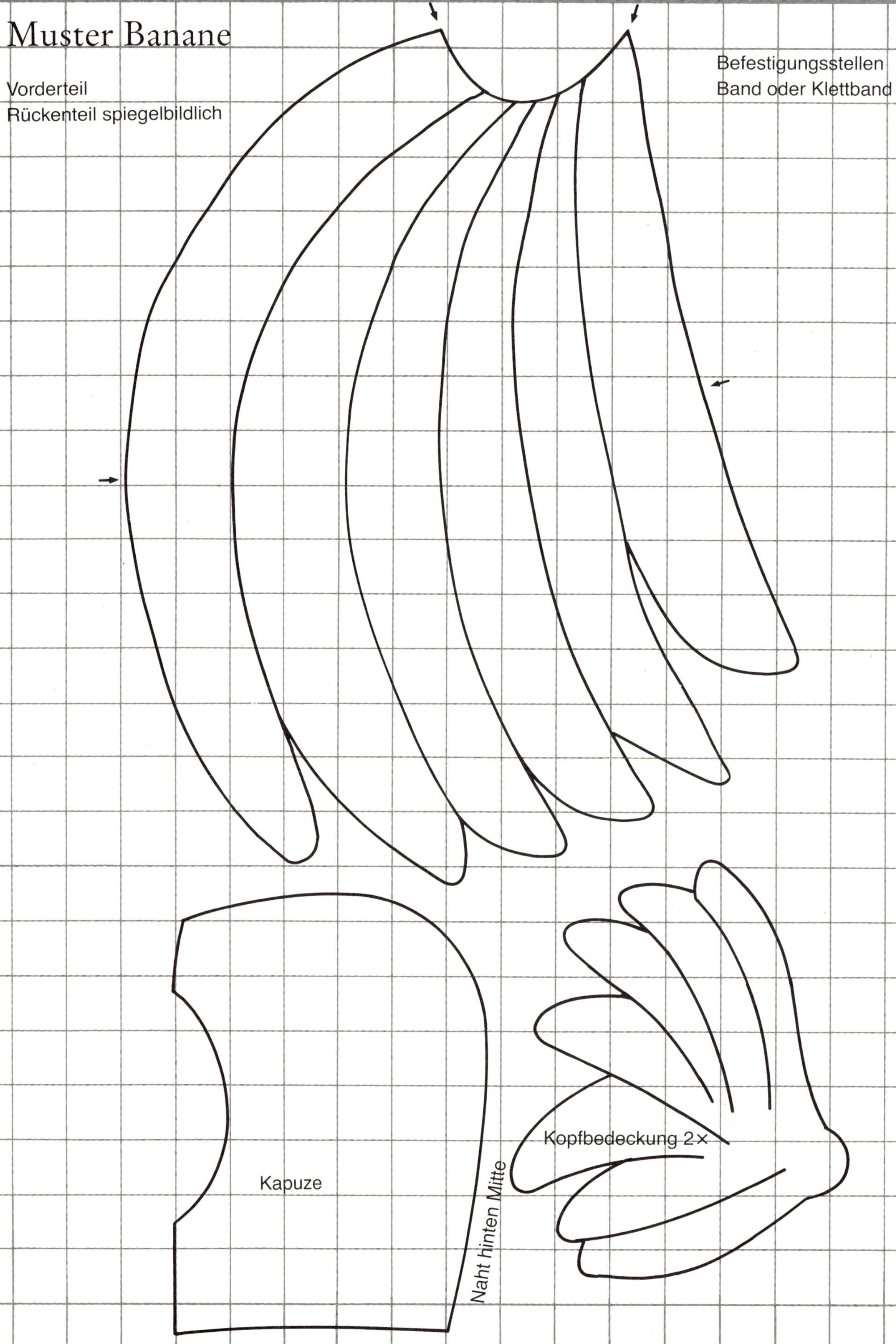

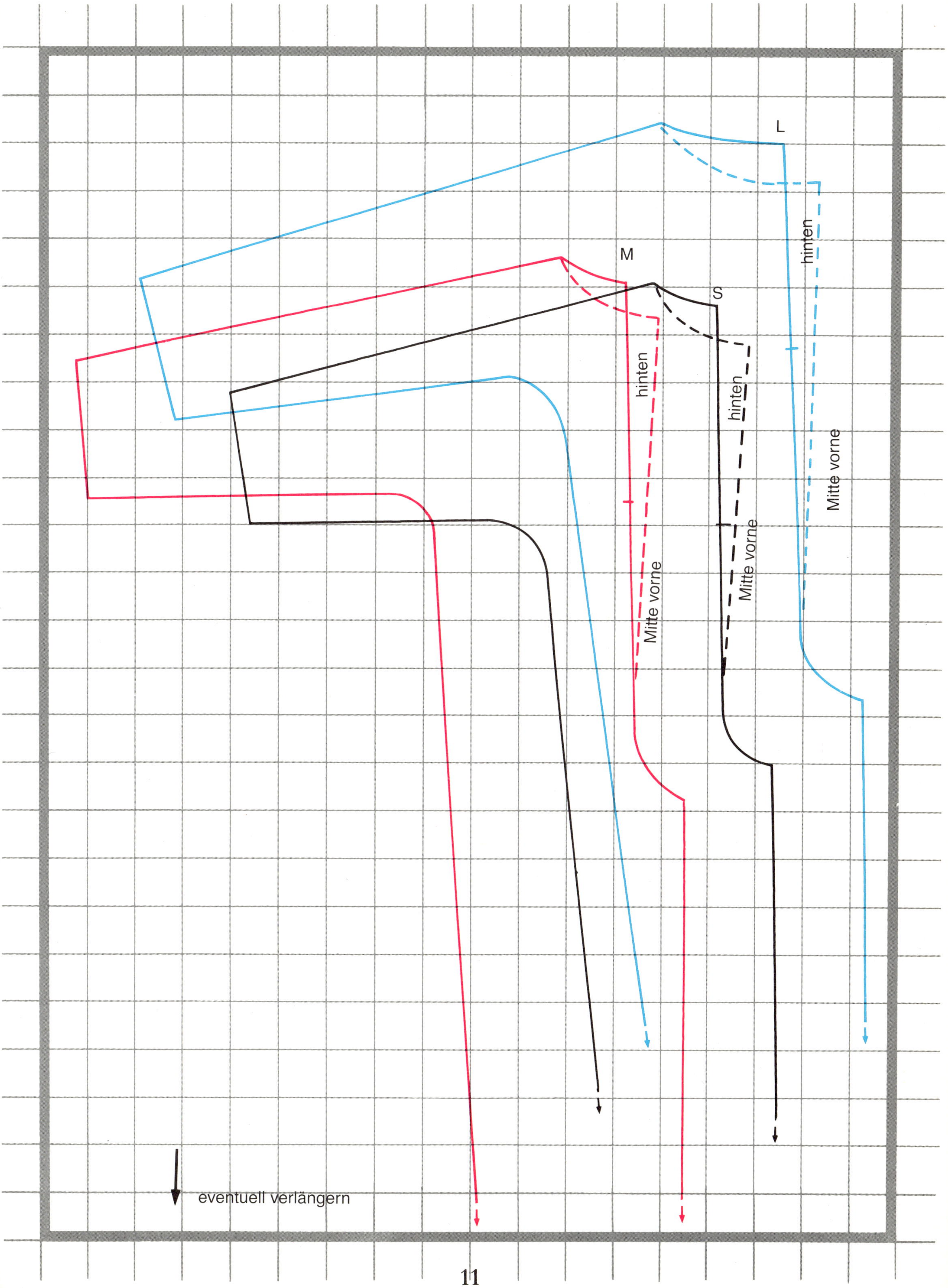

L
M
S
hinten
hinten
hinten
Mitte vorne
Mitte vorne
Mitte vorne
eventuell verlängern

Apfelsine

Stoff für Kleid, Kittel und Kopfbedeckung
Orangefarbener Trikot oder Futterstoff, 200 × 120 cm
1 Trikotkragen (fertig zu kaufen), weiß
Schaumgummi, 60 × 120 cm

Außerdem
Haken und Ösen
Orangefarbenes Schrägband

1
Schneiden Sie das Kleid aus.
2
Schließen Sie die Schulter- und Seitennähte. Schließen Sie teilweise die rückwärtige Mittelnaht.
3
Schließen Sie Ärmel und Unterseite mit einem kleinen Saum ab.
4
Beenden Sie den Hals mit dem Trikotkragen. Schließen Sie ihn mit Haken und Ösen.
5
Schneiden Sie aus dem Schaumgummi 2× die Seiten des Kittels aus (wenn Sie eine dickere Apfelsine haben wollen, müssen Sie die doppelte Menge Schaumgummi nehmen).
6
Schneiden Sie die gleichen Formen 4× aus dem Stoff aus, mit einer Zugabe an allen Seiten von ca. 3 cm.
7
Nähen Sie die Stoffteile zu zwei Überzügen zusammen. Lassen Sie ein Stückchen offen, und wenden Sie sie.
8
Füllen Sie mit Schaumgummi, und nähen Sie von Hand zu.
9
Nähen Sie die Abnäher.
10
Bringen Sie an allen Enden ein Band aus Schrägband oder übriggebliebenem Stoff an. Binden Sie es fest, und drapieren Sie die Apfelsinenteile wie eine Art Schwimmweste um den Hals.
11
Fertigen Sie die Kopfbedeckung genauso wie den Kittel.
12
Nähen Sie die Teile an der runden Seite zusammen.
13
Schließen Sie die Unterseite mit Schrägband ab, und nähen Sie die Oberseite 1× durch.

Zubehör
Eine weiße Strumpfhose
Passende Schuhe

Für Jungen
Anstelle des Kleides kann ein Overall angefertigt werden (siehe z. B. Apfel). Alles weitere bleibt gleich.

Apfelsine

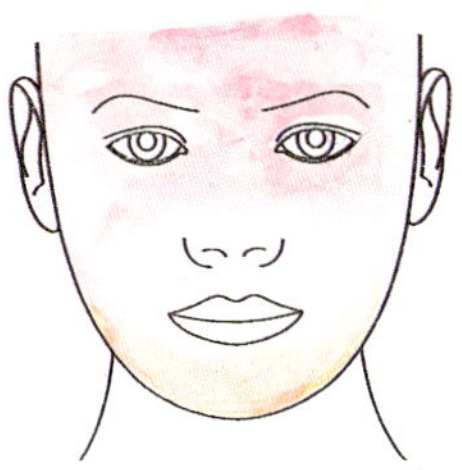

1 Eine zartrosa Wasserschminke, die in Orange übergeht, wird mit einem Schwamm aufgetragen.

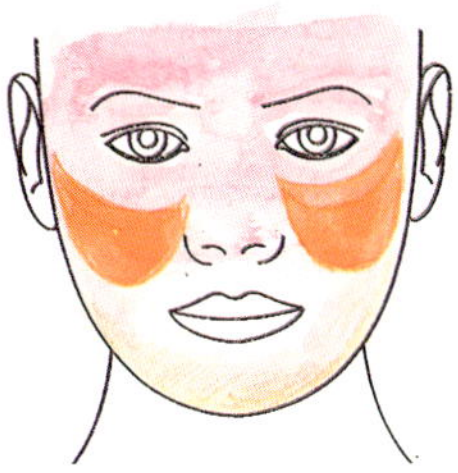

2 Mit einer orangefarbenen Wasserschminke werden die Scheiben auf das Gesicht gezeichnet.

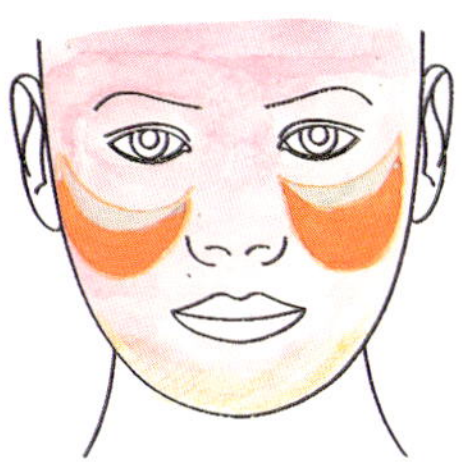

3 Der obere Teil der Scheiben wird mit hellgrauer Schminke ausgefüllt.

4 Mit einem dünnen Pinsel werden die weißen Streifen gezogen. Die Lippen werden grellrot gefärbt. Über den Augen wird mit brauner Schminke eine Linie gezeichnet.

Hinweise
Auftragen der Schminke: Das sehr regelmäßige und dünne Auftragen der Schminke ist wichtig, da zu dicke Schminke bei Licht leicht fleckig aussieht.

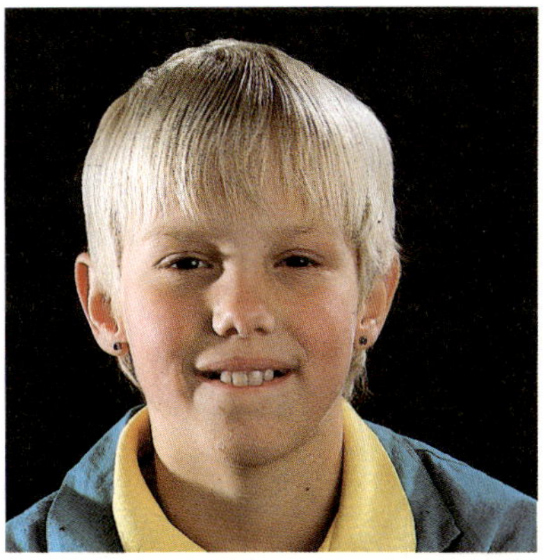

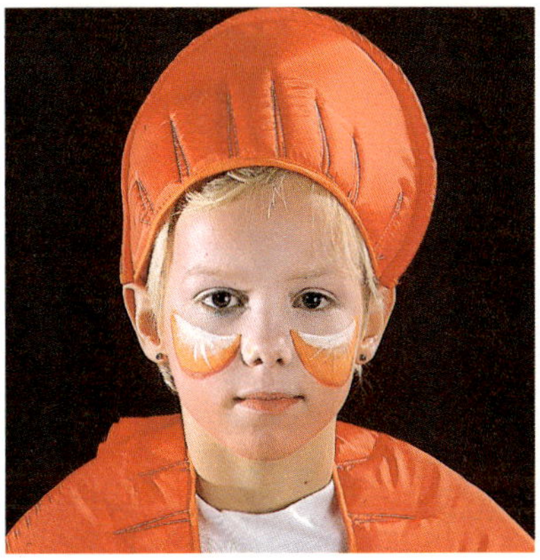

Muster Apfelsine

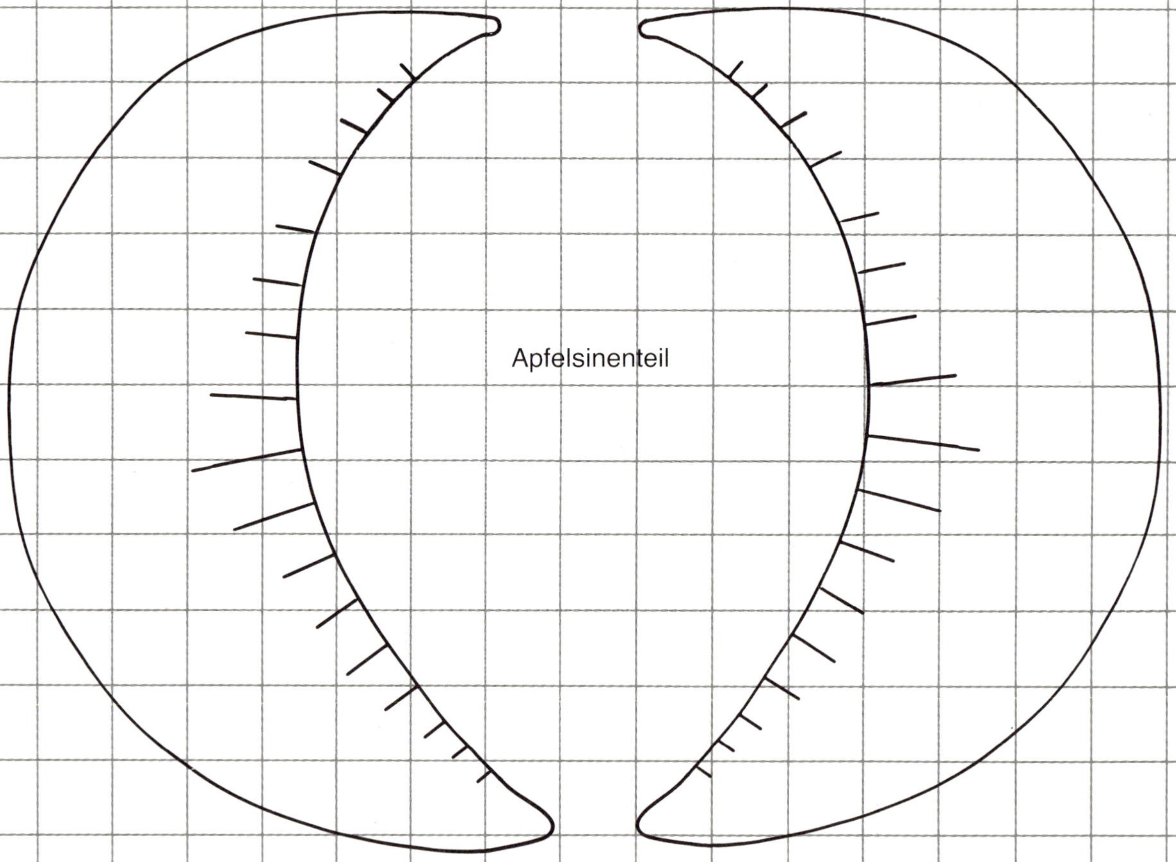

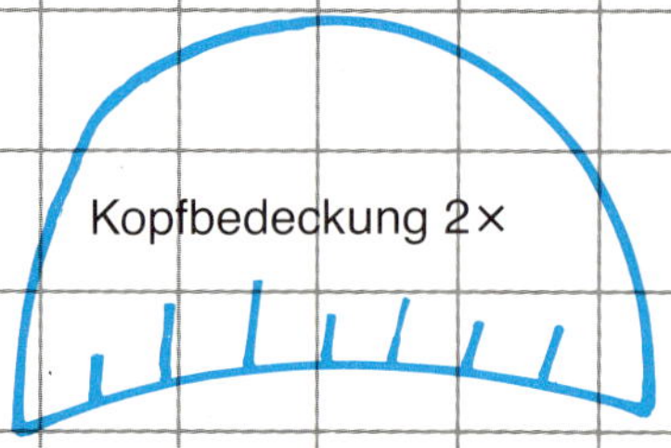

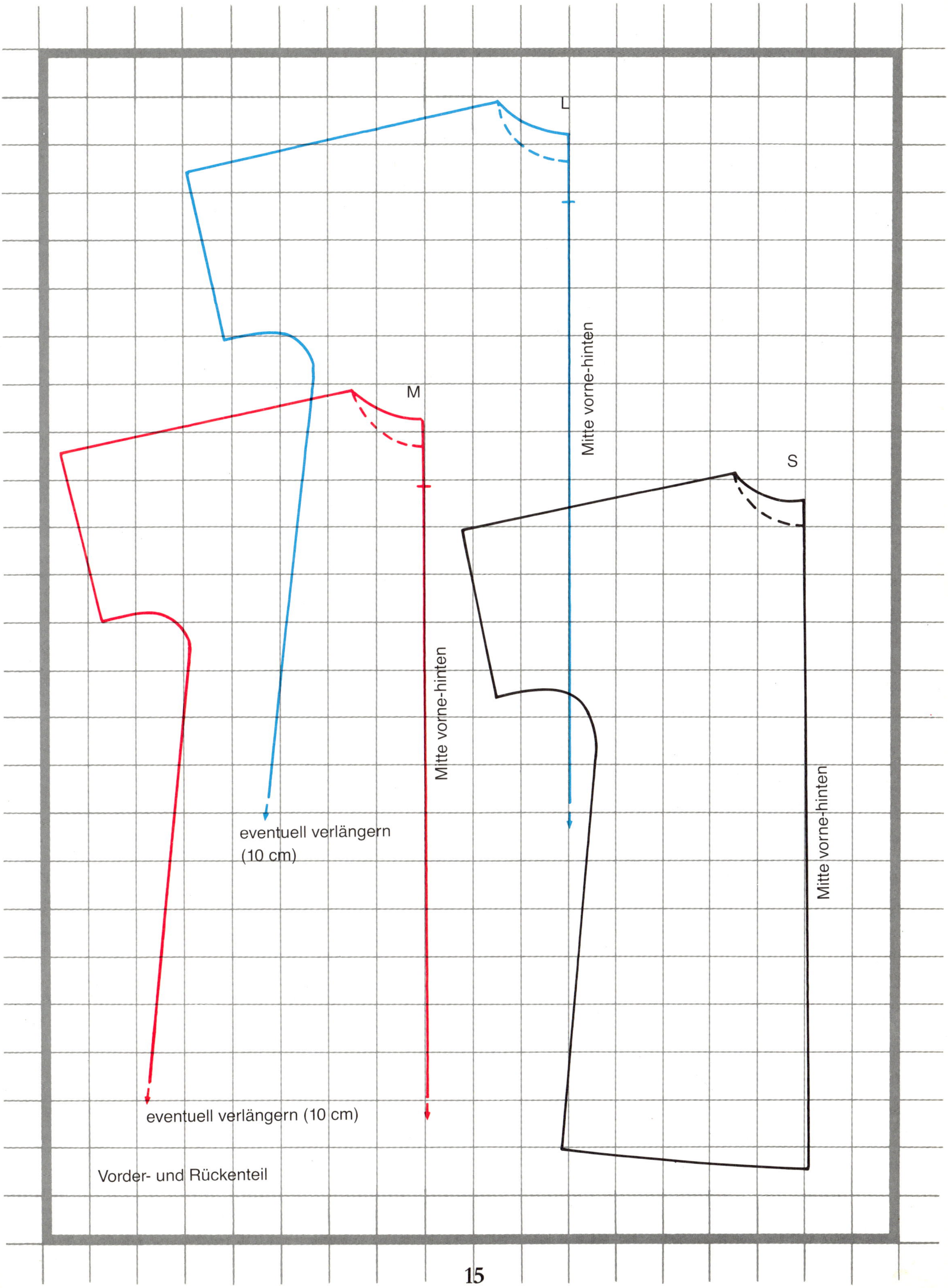
L
M
S
Mitte vorne-hinten
Mitte vorne-hinten
Mitte vorne-hinten
eventuell verlängern
(10 cm)
eventuell verlängern (10 cm)
Vorder- und Rückenteil

Kiwi

Stoff für den Overall
Weißes Leinen (gewaschen), 200 × 120 cm

Stoff für die Kopfbedeckung
Brauner Frottee, 30 × 30 cm

Außerdem
Schaumgummi, 40 × 60 cm
Dünnes Gummiband
Haken und Ösen
1 Dose grüne Stoffarbe
1 schwarzer (Textil-)Filzstift

1
Schneiden Sie den Overall aus.
2
Schließen Sie die Vordernaht vollständig und die Rückennaht bis zu der angegebenen Stelle.
3
Schneiden Sie die Kiwi aus dem Schaumgummi aus.
4
Legen Sie die Kiwi auf das Leinen, und schneiden Sie die Form großzügig aus.
5
Stellen Sie das Farbbad her.
6
Nehmen Sie den Kiwi-Stoff genau in der Mitte, und tauchen Sie ihn nicht ganz in das Farbbad. Das Mittelstück bleibt weiß, und durch fortwährendes Bewegen verwischen Sie die Farbgrenze. Nach der angegebenen Zeit gleich ausspülen und trocknen lassen.
7
Bei beiden Overallteilen färben Sie nur die Ärmel- und Hosenbeinenden in gleicher Weise. Ebenfalls sofort ausspülen und trocknen.
8
Bügeln Sie den gefärbten Stoff mit einem lauwarmen Bügeleisen.
9
Legen Sie den Kiwi-Stoff auf den Schaumgummi, und bügeln Sie ihn glatt. Falten Sie die Ränder des Stoffs nach hinten, und befestigen Sie ihn mit Nadeln.
10
Legen Sie das Ganze auf die Vorderseite des vorderen Teils vom Overall. Die Oberseite der Kiwi muß fast an den Hals anschließen. Befestigen Sie die Kiwi mit Nadeln, und nähen Sie sie an den Rändern entlang auf das Vorderteil.
11
Nähen Sie dann Ziernähte in etwa so, wie auf der Zeichnung angegeben.
12
Malen Sie mit einem (Textil-)Filzstift die Kerne auf.
13
Legen Sie die Vorder- und Rückenteile mit den rechten Seiten aufeinander.
14
Nähen Sie die Schulternähte, die Seitennähte und die Innenbeinnähte bis zu den angegebenen Stellen.
15
Schließen Sie Ärmel, Hosenbeine und Hals mit einem Saum ab.
16
Ziehen Sie eventuell Gummiband durch den Halssaum.
17
Schließen Sie die rückwärtige Mitte mit Haken und Ösen.
18
Schneiden Sie aus dem Frottee 3× bis 4× den Kopfbedekkungsteil aus (hängt von der Größe des Kopfes ab).
19
Setzen Sie die Teile zusammen, umsäumen Sie den Rand, oder setzen Sie ein Stück Schrägband dagegen. Ziehen Sie bis zur gewünschten Weite Gummiband ein.

Zubehör
Eine grüne oder braune Strumpfhose
Turnschuhe oder etwas Vergleichbares

Hinweis: Die Kiwipuppe können Sie aus Stoffresten fertigen und mit Fiber füllen.

Kiwi

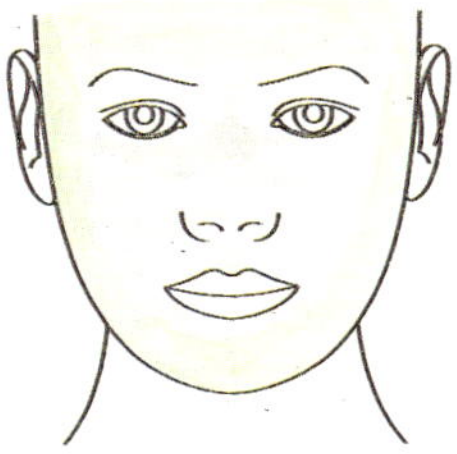

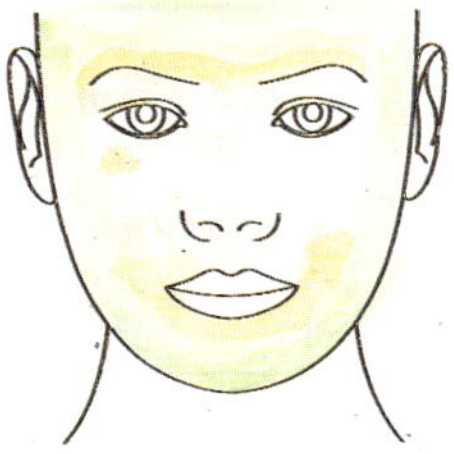

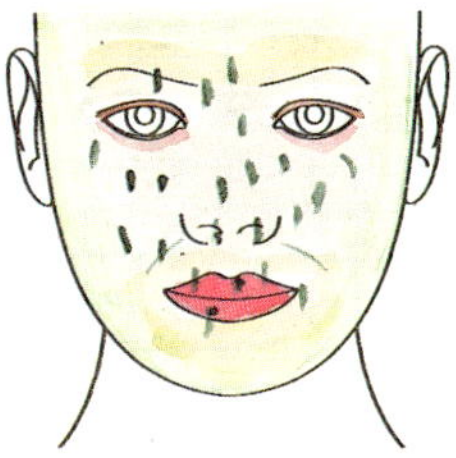

1 Grüne Wasserschminke wird als Grundlage mit einem Schwamm gleichmäßig an der angegebenen Stelle auf das Gesicht aufgetragen.

2 An der angegebenen Stelle wird gleichmäßig eine gelblich-beige Grundlage aus Fettschminke aufgetragen.

3 Die Augen werden mit weinroter Schminke schmal umrandet.

4 Die Lippen werden dunkel nachgezogen. Die Striche werden in Dunkelgrün aufgetragen.

Hinweise
Mit einem dünnen Pinsel (Nr. 6 oder 8 oder einem Augenbrauenpinsel) kleine Striche dunkelgrüner Fettschminke auf der ganzen Maske auftragen.

Muster Kiwi

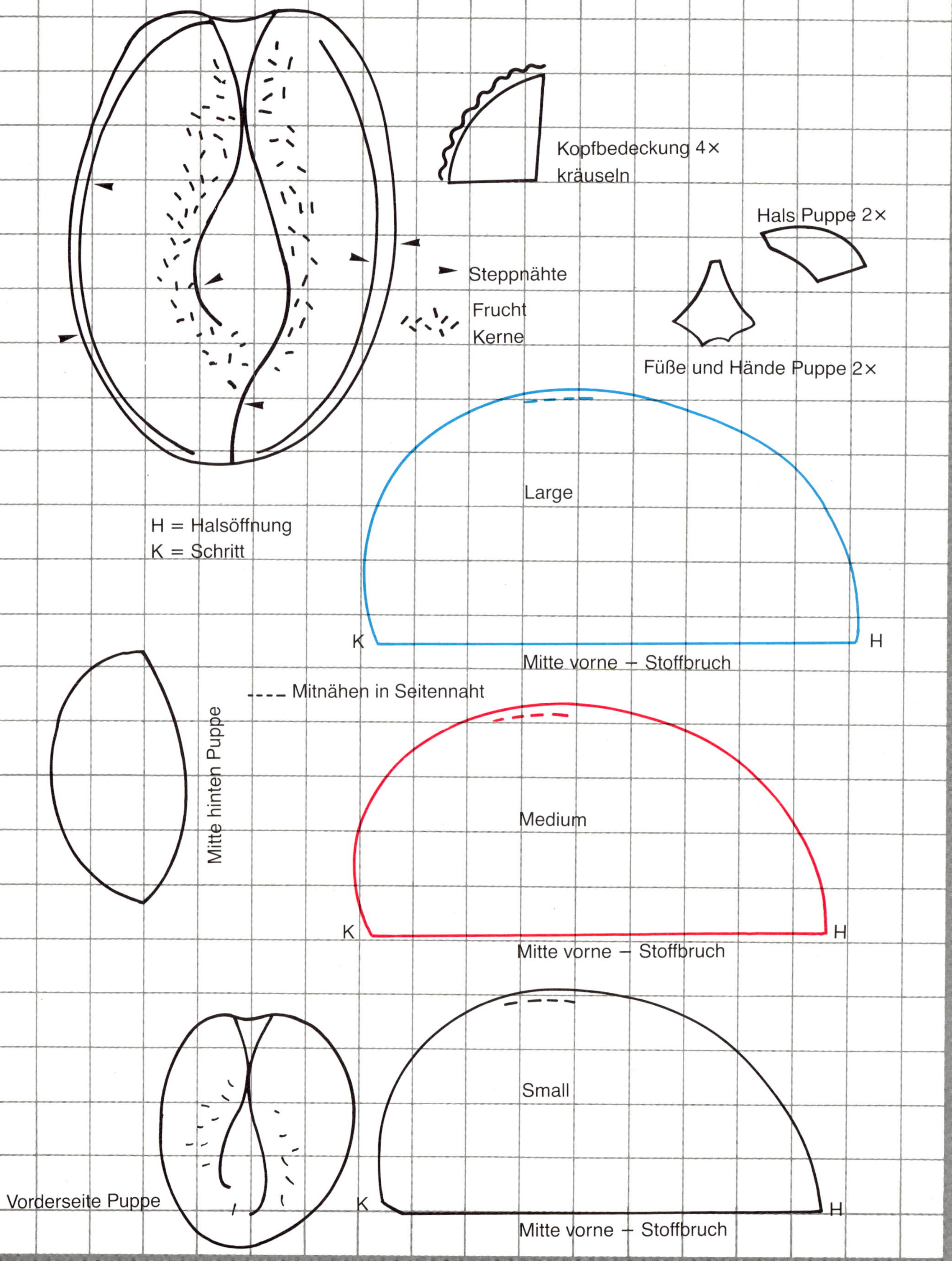
Kopfbedeckung 4×
kräuseln
Hals Puppe 2×
Steppnähte
Frucht
Kerne
Füße und Hände Puppe 2×
Large
H = Halsöffnung
K = Schritt
K
H
Mitte vorne – Stoffbruch
---- Mitnähen in Seitennaht
Mitte hinten Puppe
Medium
K
H
Mitte vorne – Stoffbruch
Small
Vorderseite Puppe
K
H
Mitte vorne – Stoffbruch

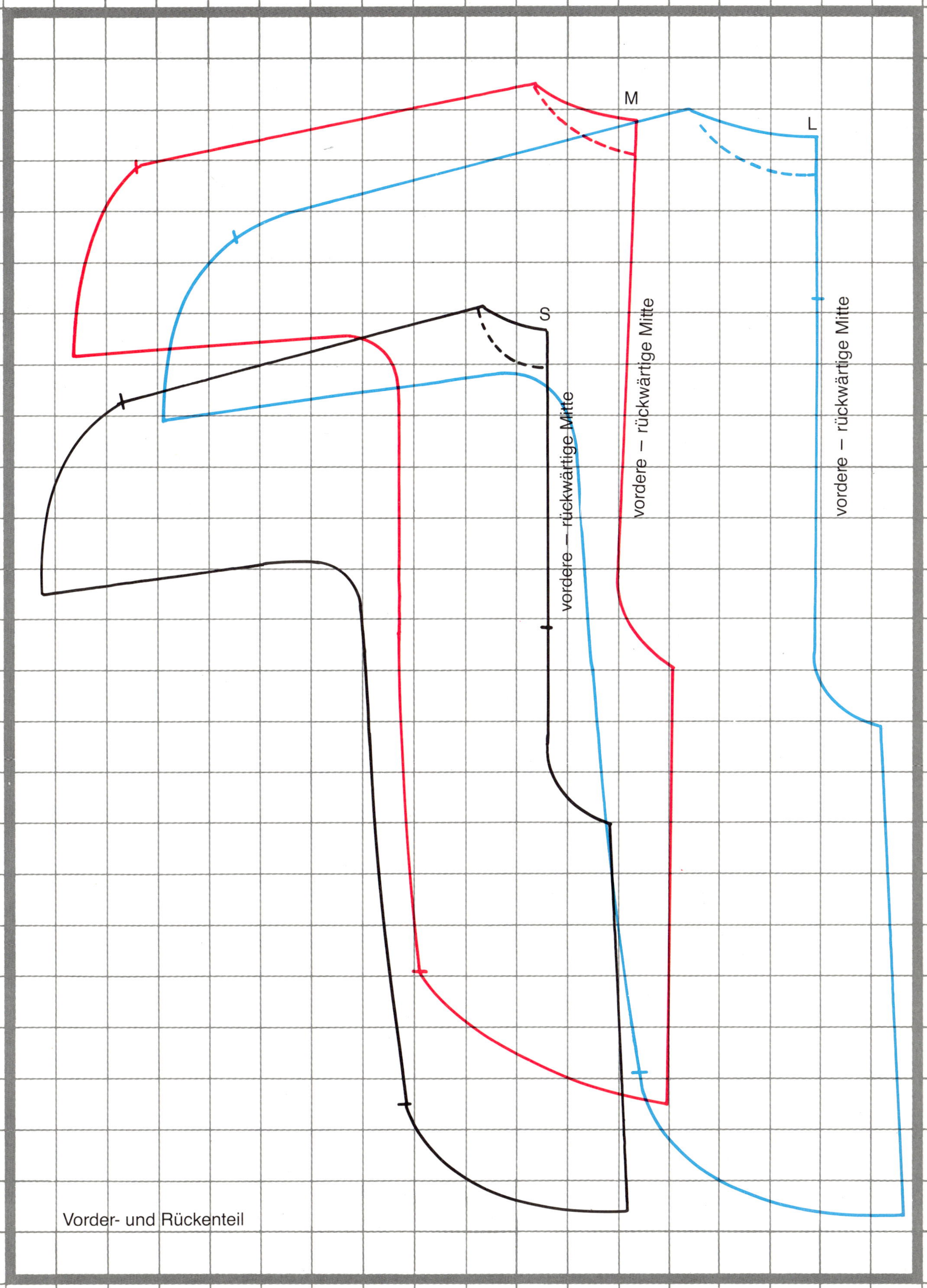

Vorder- und Rückenteil

Zitrone

Stoff für den Overall
Weißer Trikot (gewaschen), 120 × 120 cm
Schaumstoff, 50 × 120 cm

Stoff für die Zitrone
Gelbes Leinen oder gelber Trikot, 50 × 120 cm

Außerdem
1 Dose gelbe Stoffarbe
1 Dose grüne Stoffarbe
Gummiband, breites Kräuselband
Druckknöpfe

1
Schneiden Sie den Overall aus dem weißen Stoff aus.
2
Nähen Sie die Schulter-, Seiten- und Beininnennähte.
3
Schließen Sie Hals, Ärmel und Beine mit einem Saum ab, und ziehen Sie Gummiband ein (auch nach dem Färben möglich). Schließen Sie mit einem Druckknopf.
4
Bereiten Sie das gelbe Farbbad vor.
5
Halten Sie sich an die Gebrauchsanweisung, und färben Sie den Overall gelb. Gut ausspülen und naß halten.
6
Bereiten Sie das grüne Farbbad vor. Halten Sie den Overall an der Taille, und tauchen Sie den überhängenden Teil in die grüne Farbe. Bewegen Sie das Kleidungsstück hin und her, bis die Färbezeit vorüber ist. Gut ausspülen und trocknen.
7
Schneiden Sie aus Schaumstoff 2× die Teile AB aus.
8
Schneiden Sie aus dem gelben Stoff die gleiche Form sehr großzügig aus.
9
Legen Sie den Stoff straff um den Schaumstoff und befestigen Sie ihn mit Nadeln.
10
Befestigen Sie den Stoff mit einem engen Zickzackstich auf dem Schaumstoff genau am Rand entlang. Sie können diesen Rand leicht erfühlen und flachdrücken, während Sie auf der Vorderseite nähen.
11
Schneiden Sie aus dem weißen Stoff großzügig Teil A (2×) aus. Befestigen Sie Teil A von Hand auf dem gelben Stoff, und falten Sie den oberen Rand zurück.
12
Steppen Sie Ziernähte in den weißen Stoff.
13
Schließen Sie die Seitennähte der beiden Teile bis zur Hälfte.
14
Befestigen Sie Druckknöpfe auf der Oberseite.
15
Kräuseln Sie die Unterseite mit Kräuselband.

Hinweis: Die Zitrone muß leicht blusig sein und darf daher ziemlich locker sitzen. Zur Sicherheit kann ein Bändchen in der Seitennaht des Overalls befestigt werden, das mit einem Bändchen an der Zitrone zusammengebunden wird.

16
Fertigen Sie einige Zitronenscheiben und Blätter aus dem restlichen Stoff und dem Schaumstoff, und befestigen Sie sie hier und da auf dem Kostüm.

Zubehör
Ein gelber Schal, der wie im Morgenland um den Kopf geschlungen wird
Eine gelbe durchsichtige Strumpfhose

Zitrone

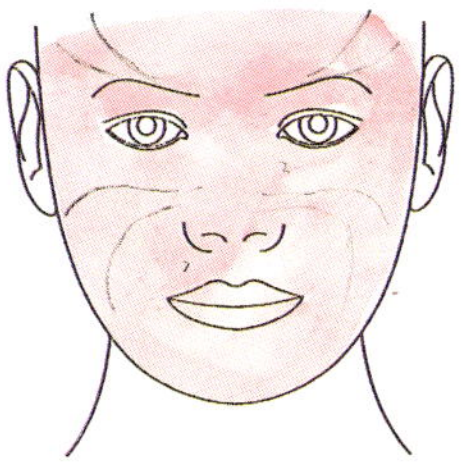

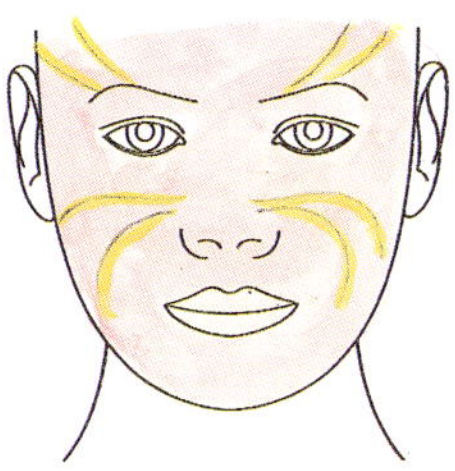

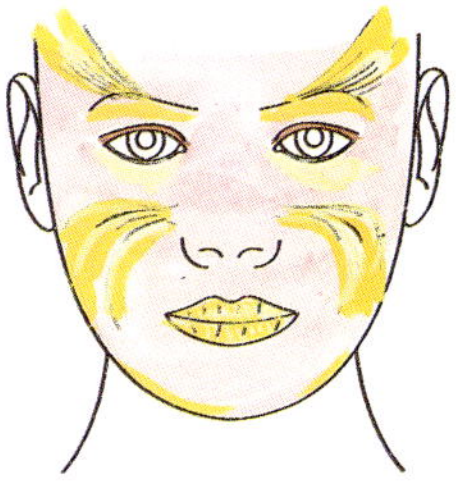

1 Eine leicht rosafarbene Wasserschminke wird mit einem Schwämmchen aufgetragen.

2 Mit einem schwarzen Schminkstift werden die Linien sehr leicht auf das Gesicht gezeichnet und dann mit einem dünnen Pinsel (Nr. 6–8) und gelber Fettschminke nachgezogen.

3 Mit einem feinen Pinsel werden zusätzliche gelbe Linien angebracht. Die Lippen werden ebenfalls gelb geschminkt.

4 Mit weißer Fettschminke werden zwischen den gelben Linien auf den Wangen und den Augenbrauen Akzente angebracht.

Hinweise
Das Schminken für ein Kinderfest fordert die Phantasie. Häufig ist es besser, etwas zu suggerieren (oder zu stilisieren), als eine möglichst naturgetreue Maske anzufertigen.

Muster Zitrone

Vorder- und
Rückenteil

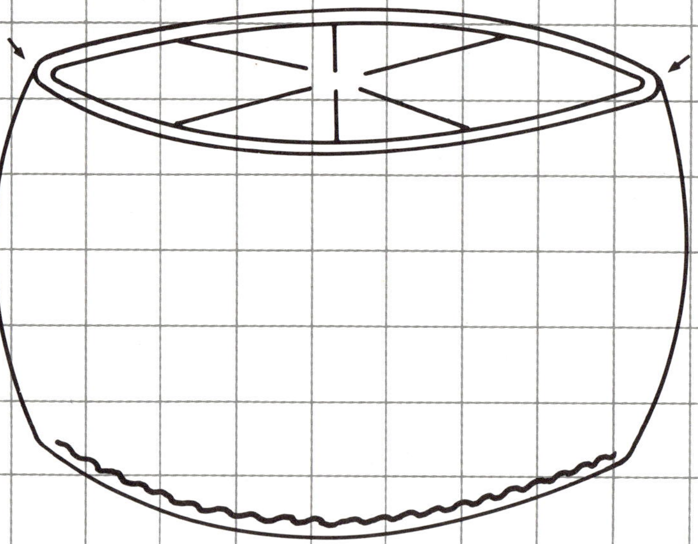

Zitronenscheibe 4×

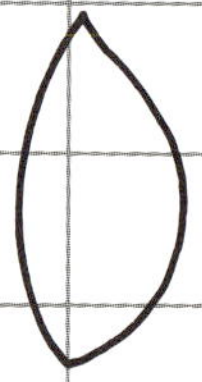

Blatt 2×

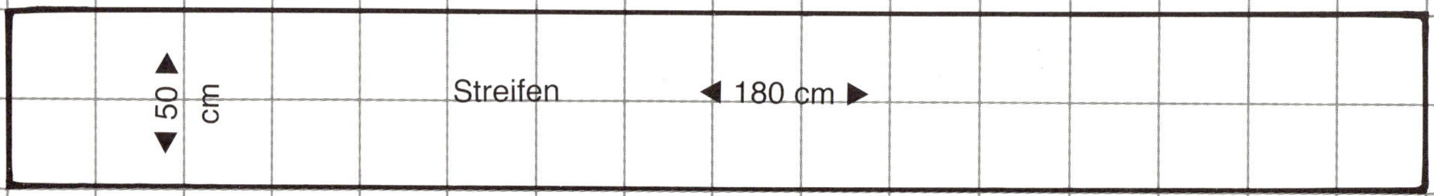

Vorder- und Rückenteil

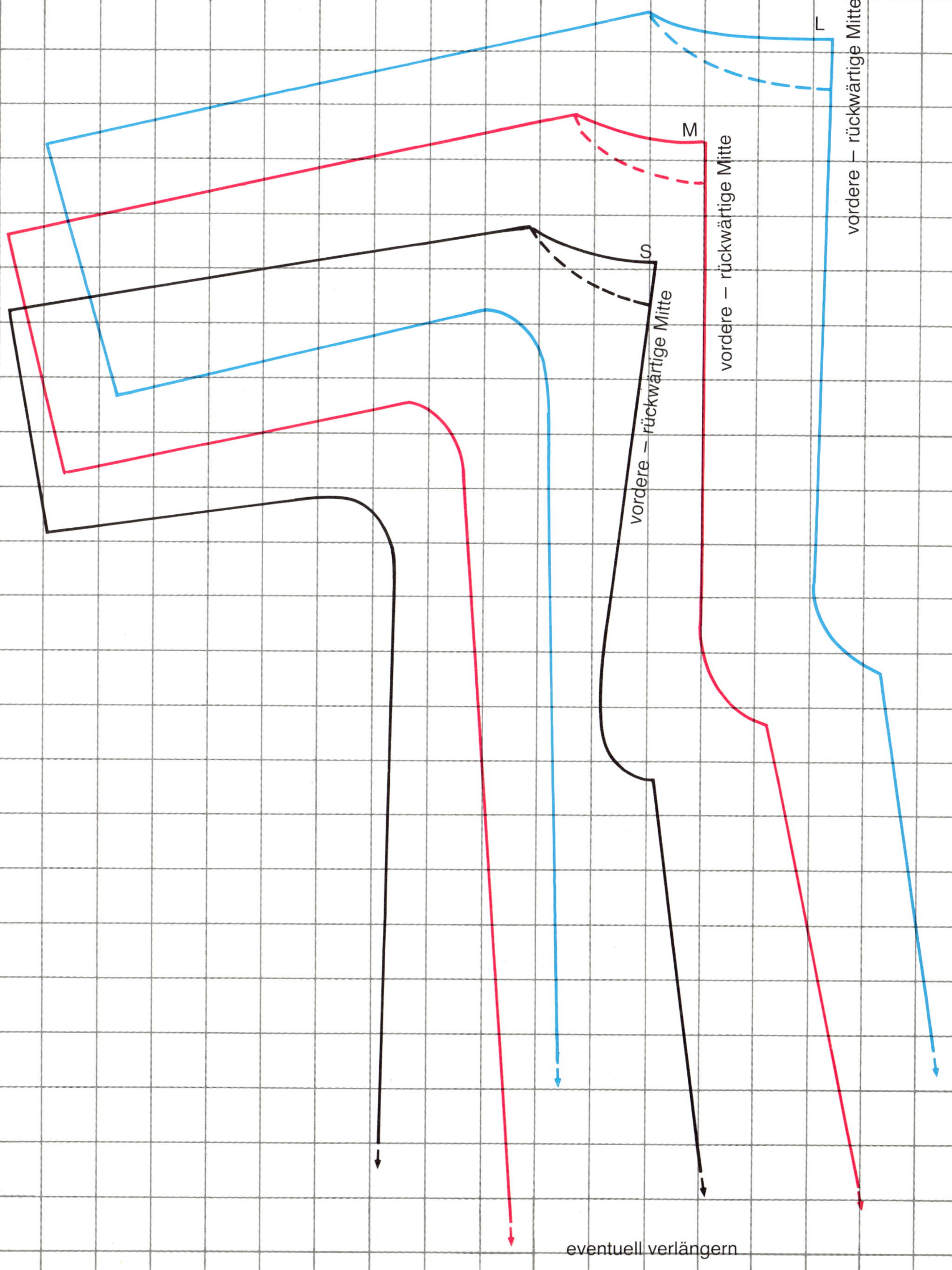

Paprika

Stoff für die Bluse
Zartgelbes Leinen oder Trikot, 50 × 120 cm

Stoff für den Hut und das Cape
Roter Trikot oder etwas Vergleichbares, 120 × 120 cm

Außerdem
Schaumgummi, 150 × 120 cm
Rest grünen Stoff
Haken und Ösen
Rote Kordel oder rotes Band

1
Schneiden Sie die Bluse aus dem zartgelben Stoff aus.
2
Schließen Sie die Schulter- und Seitennähte, die rückwärtige Mittelnaht teilweise.
3
Schließen Sie den Hals mit einem kleinen Saum ab, das gleiche gilt für die Ärmel und die Unterseite. Schließen Sie mit Haken und Ösen.
4
Ziehen Sie eventuell Gummi in die Ärmel ein.
5
Schneiden Sie aus dem Schaumgummi das Vorder- und Rückenteil der Paprika aus.
6
Legen Sie die Schaumgummiformen auf den roten Stoff, und schneiden Sie großzügig aus.
7
Ziehen Sie den Stoff stramm, und befestigen Sie ihn mit Nadeln.
8
Nähen Sie den Stoff auf der Vorderseite mit einem engen Zickzackstich auf dem Schaumgummi fest. Den Schaumgummirand können Sie leicht erfühlen und beim Nähen flachdrücken.
9
Schneiden Sie den überflüssigen Stoff ab.
10
Machen Sie das gleiche für den Hut (roter Stoff, Schaumgummi).
11
Nähen Sie die Seitennaht des Huts, bringen Sie Kordel oder Band an.
12
Schneiden Sie den Kragen viermal aus Schaumgummi und rotem oder grünem Stoff aus. Nähen Sie ihn genauso fest wie den Rest. Schließen Sie die Seitennähte. Schließen Sie den Kragen mit Haken und Ösen.
13
Fertigen Sie aus Schaumgummi und grünem Stoff einige Blätter, und befestigen Sie diese auf dem Leibchen.
14
Ein Kragenteil, das genauso gearbeitet wurde wie die anderen, kann als Fußkappe dienen (2×). Befestigen Sie rote Kordel oder rotes Band an den Seiten, und nähen Sie sie oberhalb der Schuhe fest.
15
Schließen Sie das Leibchen (Cape) folgendermaßen:
a) Schließen Sie die Seitennähte und eine Schulternaht. Die andere Schulternaht schließen Sie mit Haken und Ösen.
b) Befestigen Sie an allen Schulter- und Seitennähten Klebestreifen.

Zubehör
Rote oder grüne Strumpfhose

Paprika

1 Eine zart rosafarbene oder hellgelbe Wasserschminke wird mit einem Schwämmchen aufgetragen.

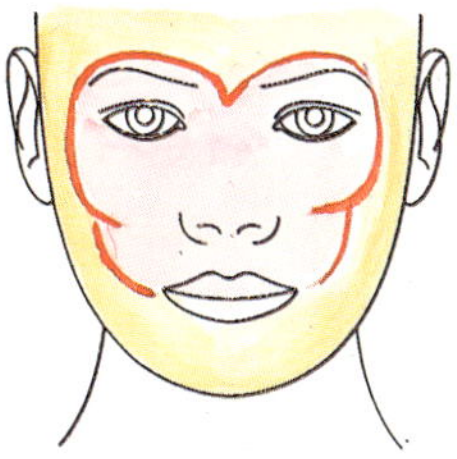

2 Mit roter Schminke werden die Umrisse gezeichnet.

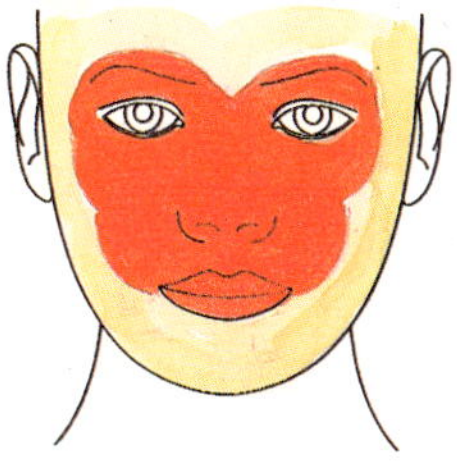

3 Mit roter Schminke wird die Fläche innerhalb der Linien ausgefüllt.

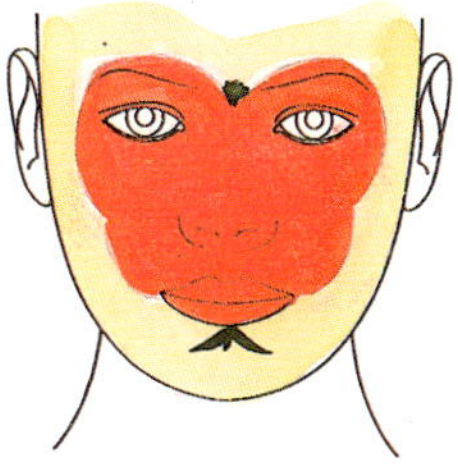

4 Mit grüner Schminke werden einige Blättchen gezeichnet.

Hinweise
Damit die Darstellung auch echt wirkt, ist beim Schminken dieser Frucht die Linienführung sehr wichtig.

Muster Paprika

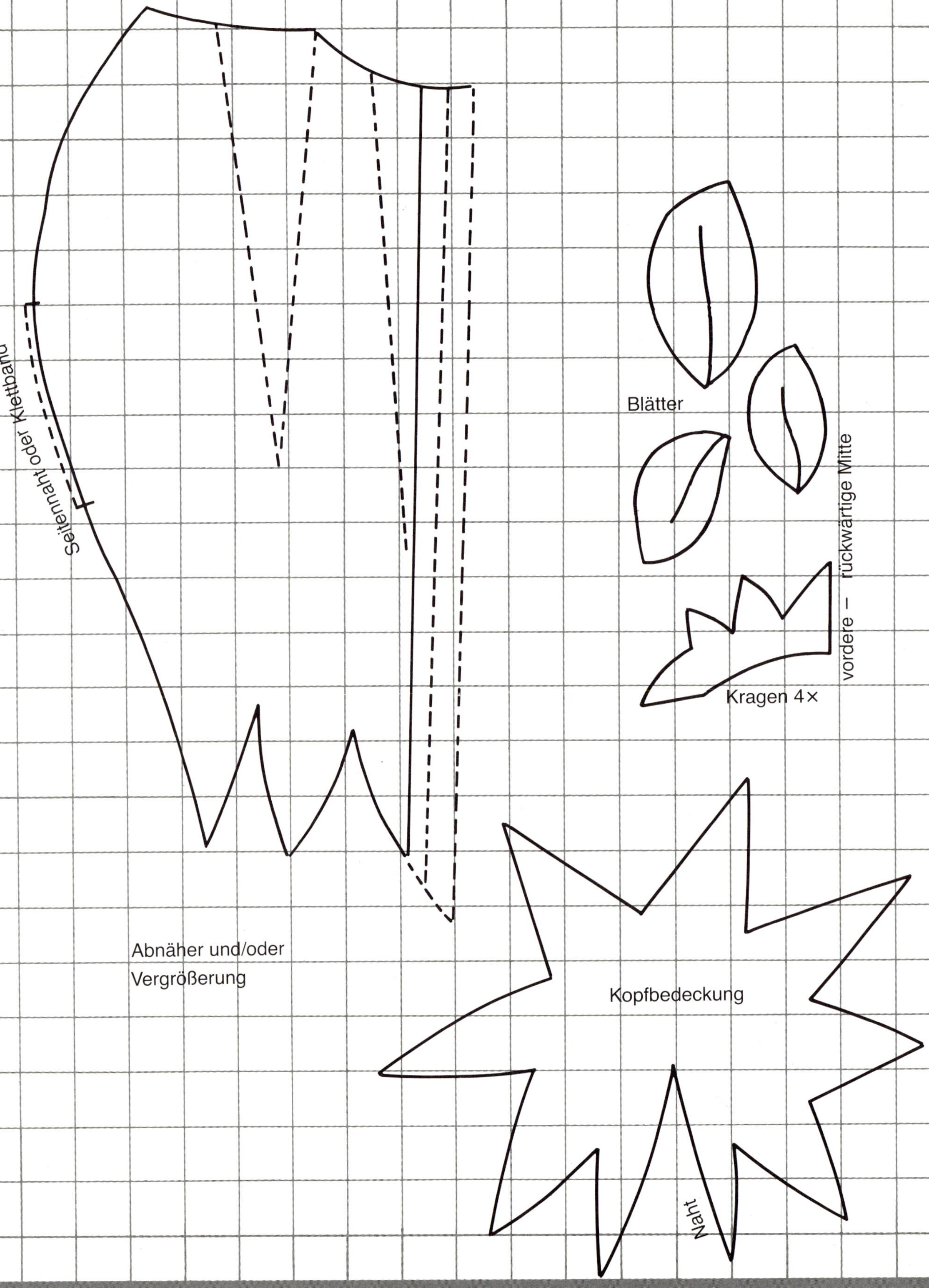

Unterbluse Paprika

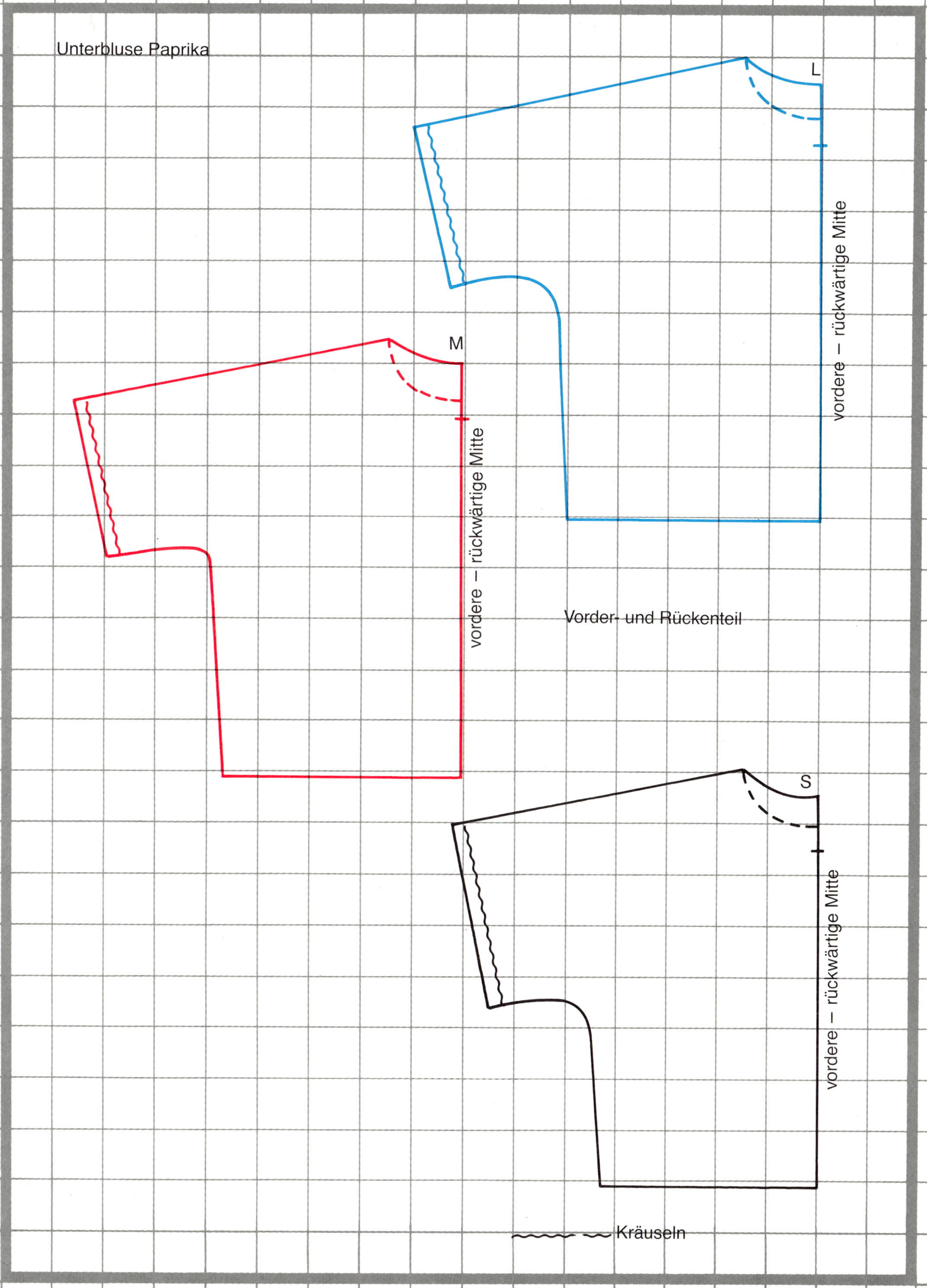

Apfel

Stoff für Overall und Kittel
Grüner Trikot, 220 × 120 cm
Orangefarbenes Futter, 40 × 40 cm
Schaumgummi, 100 × 100 cm

Stoff für das Hemd
Weißes Leinen, 40 × 120 cm
Rest braunen Stoff für Blatt, Kopfbedeckung und Stiel

1
Schneiden Sie aus dem Schaumgummi die Blätter 2× aus.
2
Legen Sie die Schaumgummiblätter auf den grünen Stoff, und schneiden Sie sie 4× großzügig aus.
3
Legen Sie zwischen zwei Lagen Stoff die Schaumgummiblätter, und bügeln Sie den Stoff glatt. Befestigen Sie den Stoff mit Nadeln auf dem Schaumgummi.
4
Nähen Sie die Seiten- und Innenbeinnähte zusammen, und wenden Sie die Hose.
5
Nähen Sie den Stoff mit einem engen Zickzackstich auf dem Rand des Schaumgummis fest. Sie können den Rand leicht erfühlen und beim Nähen flachdrücken.
6
Schneiden Sie den überflüssigen Stoff ab.
7
Schneiden Sie den Overall aus dem grünen Stoff aus.
8
Nähen Sie die rückwärtige Mittelnaht teilweise und die vordere Mittelnaht ganz zu.
9
Legen Sie die beiden Teile mit den rechten Seiten aufeinander.
10
Legen Sie dazwischen – an der Außenseite der Beine – die Blätter. Stecken Sie die Nähte fest.
11
Nähen Sie die Seitennähte, die Schulternaht und die Innenbeinnähte.
12
Die Blätter sind mitgenäht und kommen zum Vorschein, wenn Sie den Overall wenden. Schließen Sie die Ärmel, die Beine und den Hals mit einem kleinen Saum ab. Schließen Sie den Schlitz in der rückwärtigen Mitte mit Haken und Ösen.
13
Ziehen Sie, wenn nötig, Gummiband durch Hals, Ärmel und Beine.
14
Schneiden Sie den Apfel 2× aus dem Schaumgummi aus.

Außerdem
Klettband
Haken und Ösen
Grüner und schwarzer (Textil-)Filzstift

15
Legen Sie die Schaumgummischablonen auf den grünen Stoff, und schneiden Sie sie großzügig aus.
16
Nähen Sie auch hier mit Zickzackstich wie schon bei den Blättern.
17
Nähen Sie die Konturen des „Bisses" in der Mitte des Vorderteils mit Zickzackstich. Schneiden Sie dann den inneren Teil heraus.
18
Schneiden Sie ein beliebiges Stück aus dem orangefarbenen Stoff heraus, und nähen Sie dies mit Zickzackstich auf dem Vorderteil fest.
19
Schließen Sie die Schulternähte.
20
Befestigen Sie Klettband an den Seiten beider Teile.
21
Passen Sie den Kittel an, und nähen Sie die Abnäher in die Mitte.
22
Schneiden Sie das Hemd aus dem weißen Leinen aus.
23
Zeichnen Sie auf das Vorderteil des Hemdchens das Gehäuse, so daß es in das Loch (den Biß) des Kittels paßt.
24
Schließen Sie die Ärmelöffnungen, den Hals und die Unterseite mit einem Saum ab. Schließen Sie den Schlitz mit Haken und Ösen.
26
Schneiden Sie den Kopfbedeckungsteil 3× aus dem braunen Stoff aus. Legen Sie die Teile aneinander, säumen Sie alles, und ziehen Sie Gummiband in der gewünschten Länge durch.
27
Fertigen Sie von dem Rest Schaumgummi eine dicke Rolle. Verkleiden Sie die Rolle mit braunem Stoff. Befestigen Sie den Stiel auf der Kopfbedeckung.
28
Fertigen Sie von Schaumgummi und braunem Stoff in der bekannten Art und Weise ein Blatt, und befestigen Sie es an dem Stiel.

Zubehör
Dunkelbraune Stiefel oder Turnschuhe

Apfel

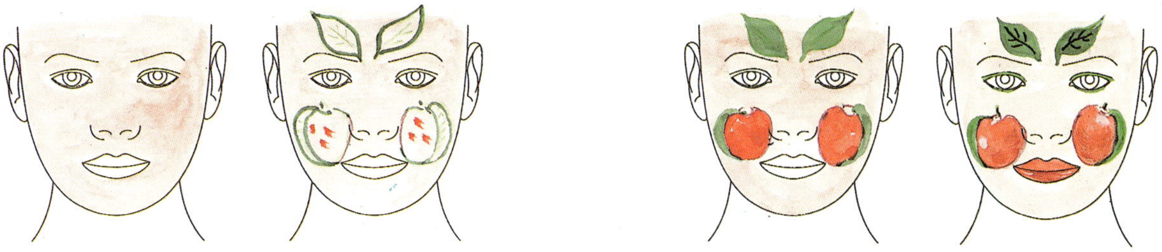

1 Eine zartbraune Wasserschminke wird mit einem Schwamm aufgetragen.

2 Mit dunkelgrüner Schminke wird das Grundmuster gezeichnet.

3 Die offenen Flächen werden mit roter und grüner Wasserschminke ausgefüllt.

4 Mit einem dünnen Pinsel werden die Blattnerven gezeichnet. Die Augen werden rot umrandet.

Hinweise
Die angegebenen Masken dienen als Grundlage; mit den beschriebenen Techniken und der eigenen Phantasie kann so eine persönliche Kreation entstehen. Die eigenen Erfahrungen mit selbsterdachten Varianten der dargestellten Ideen sind viel wichtiger als das genaue Nachahmen eines Beispiels.

Muster Apfel

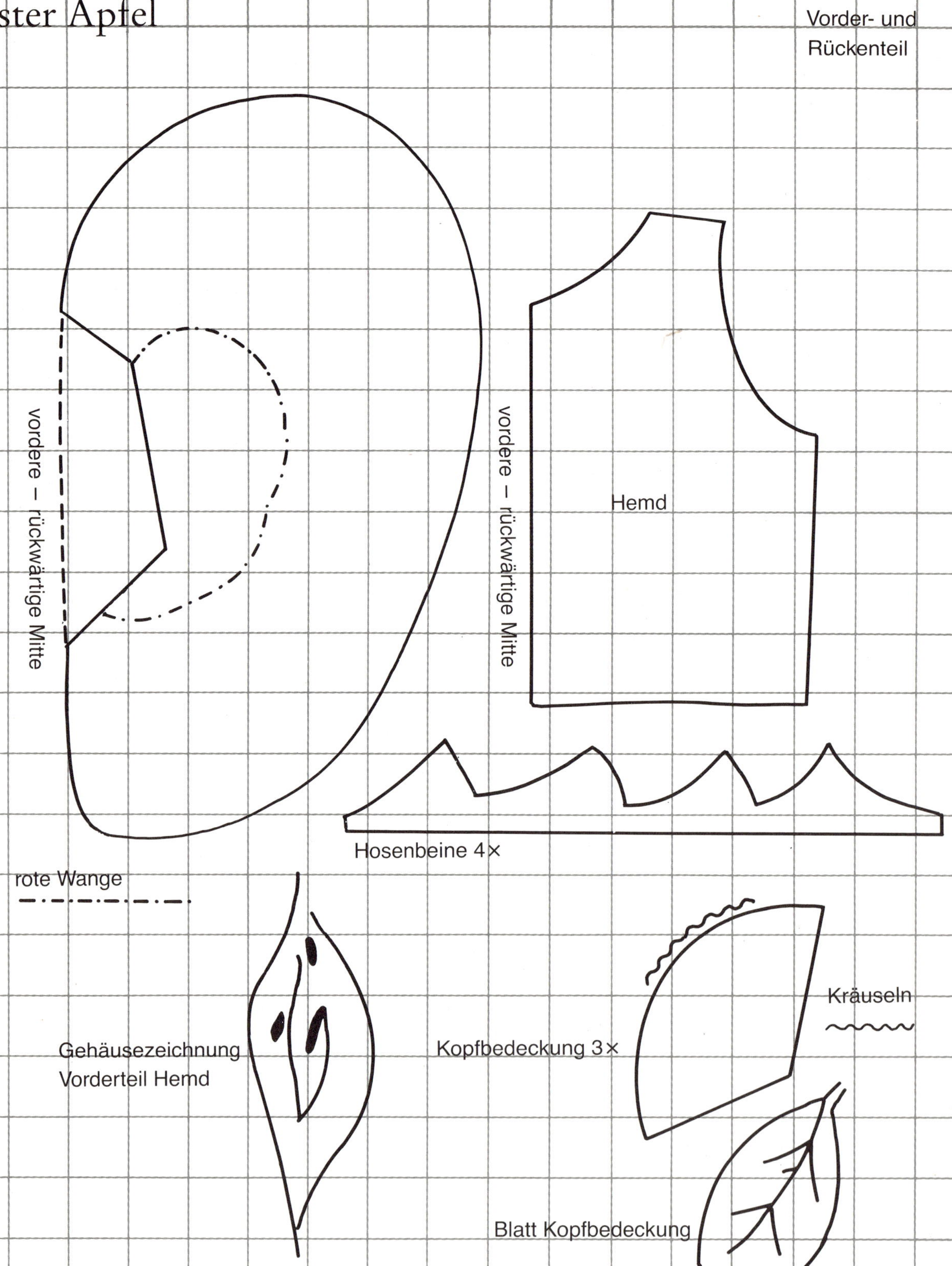

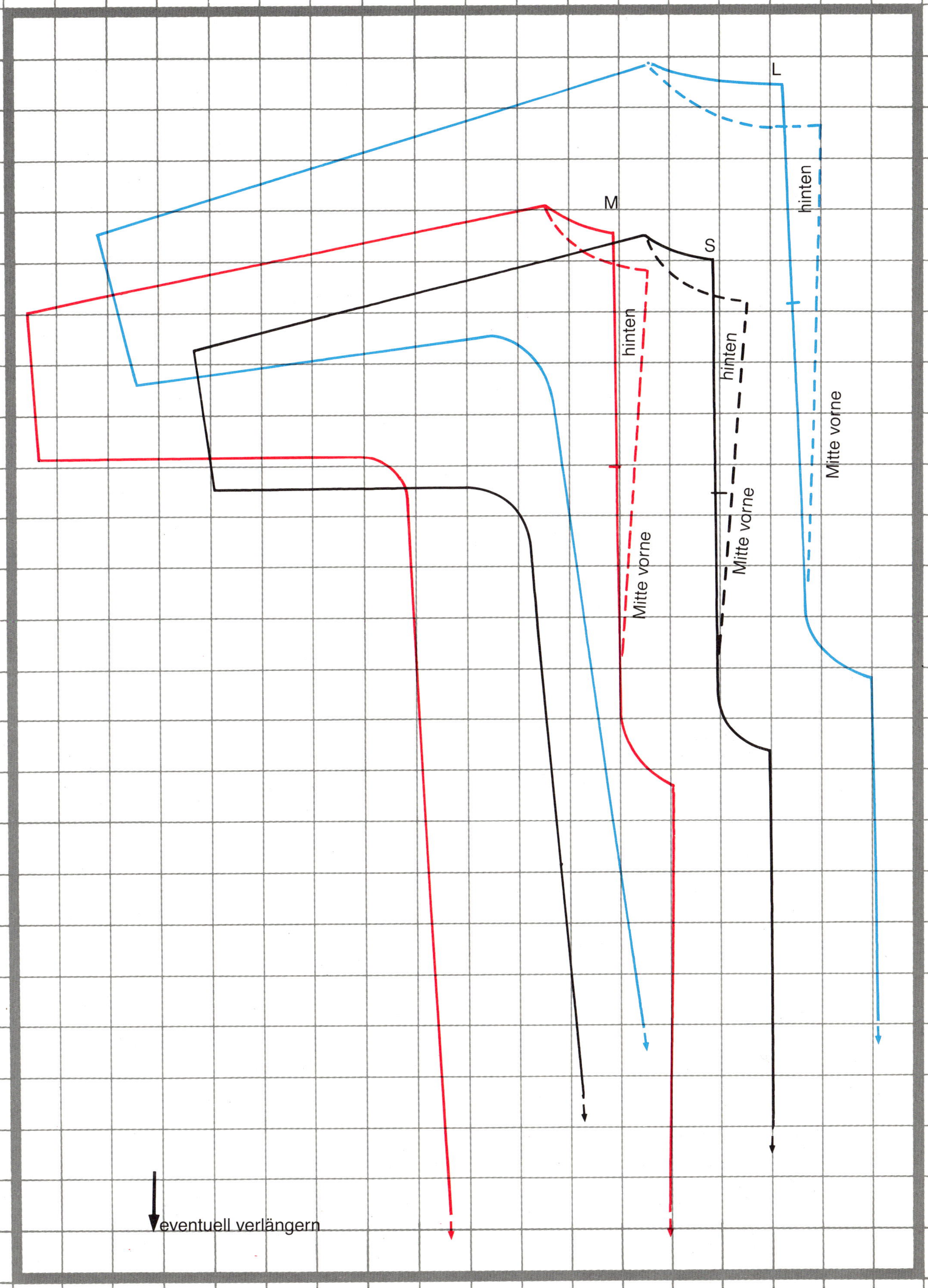
L
M
S
hinten
hinten
hinten
Mitte vorne
Mitte vorne
Mitte vorne
eventuell verlängern

Erdbeere

Stoff für den Kittel
Roter Phantasiestoff, 100 × 120 cm

Stoff für Kragen und Krone
Rest grünen Stoff

Stoff für die Kopfbedeckung
Rest roten und/oder bearbeiteten Stoff

Stoff für die Bluse
Hellgrüner Trikot oder Leinen, 80 × 120 cm

Außerdem
Haken und Ösen
Gumiband
Schaumgummi, 120 × 120 cm

1
Schneiden Sie die Bluse aus dem grünen Stoff aus.
2
Nähen Sie die Seiten-, Schulter- und Rückennaht. Lassen Sie die rückwärtige Mitte hinten ein Stückchen offen.
3
Schließen Sie Hals, Ärmel und Unterseite mit einem Saum ab.
4
Ziehen Sie Gummiband durch die Ärmel.
5
Schneiden Sie das Muster der Erdbeere 2× aus dem Schaumgummi aus.
6
Schneiden Sie aus dem roten Stoff die beiden Schaumgummiformen aus.
7
Legen Sie den Stoff stramm auf den Schaumgummi, und stecken Sie ihn fest. Nähen Sie den Stoff mit der rechten Seite und einem engen Zickzackstich auf dem Rand des Schaumgummis fest. Sie können den Rand leicht fühlen und beim Nähen flachdrücken.
8
Schneiden Sie den Stoff ab, der zuviel ist.
9
Schließen Sie die Seitennähte und eine Schulternaht. Die zweite Schulternaht kann mit Haken und Ösen geschlossen werden.
10
Probieren Sie das Cape an, und nähen Sie dann die Abnäher.
11
Schneiden Sie aus Schaumgummi den Kragen aus, und verkleiden Sie ihn mit roten oder grünem Stoff. Schließen Sie mit Haken und Ösen.
12
Schneiden Sie so viele Teile der Kopfbedeckung aus Schaumgummi und aus rotem Stoff aus, wie Sie brauchen, und nähen Sie sie genauso wie das Leibchen. Schließen Sie die Seitennähte der Kopfbedeckung.
13
Verwenden Sie das Muster des Kragens auch für die Krone um die Kopfbedeckung. Finden Sie selbst die richtige Länge heraus. Fertigen Sie die Krone aus grünem Stoff und aus Schaumgummi.
14
Fertigen Sie die Fußdeckel. Befestigen Sie sie mit Band um den Fuß.

Zubehör
Gelbe Strumpfhose

Erdbeere

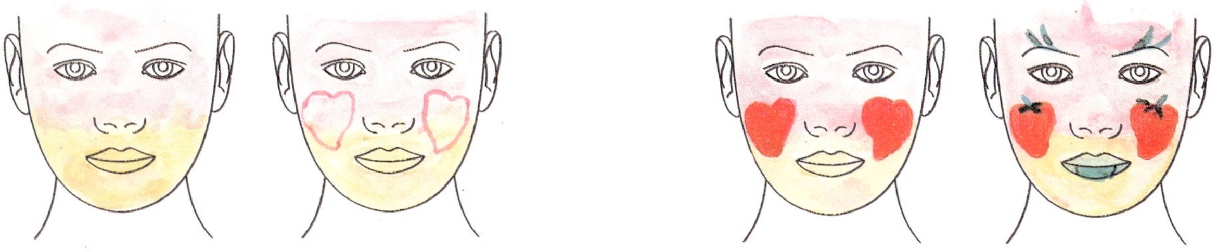

1 Weiße, rosa und gelbe Wasserschminke wird mit einem Schwamm dünn und gleichmäßig aufgetragen. Die Farben können ein wenig ineinander übergehen.

2 Mit roter Schminke wird das Grundmuster gezogen.

3 Mit roter Wasserschminke werden die Flächen innerhalb der Linien ausgefüllt.

4 Die Lippen mit grüner Schminke färben. Unterlippe verkleinern. Augenlider dunkel umranden. Augenbrauen ummalen.

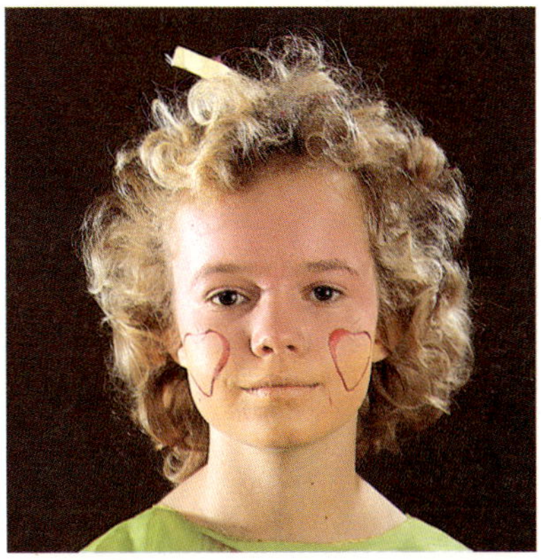

Hinweise
Fangen Sie ganz einfach an, und bauen Sie die Maske allmählich auf. Schminken läßt sich nur durch Üben erlernen.

Muster Erdbeere

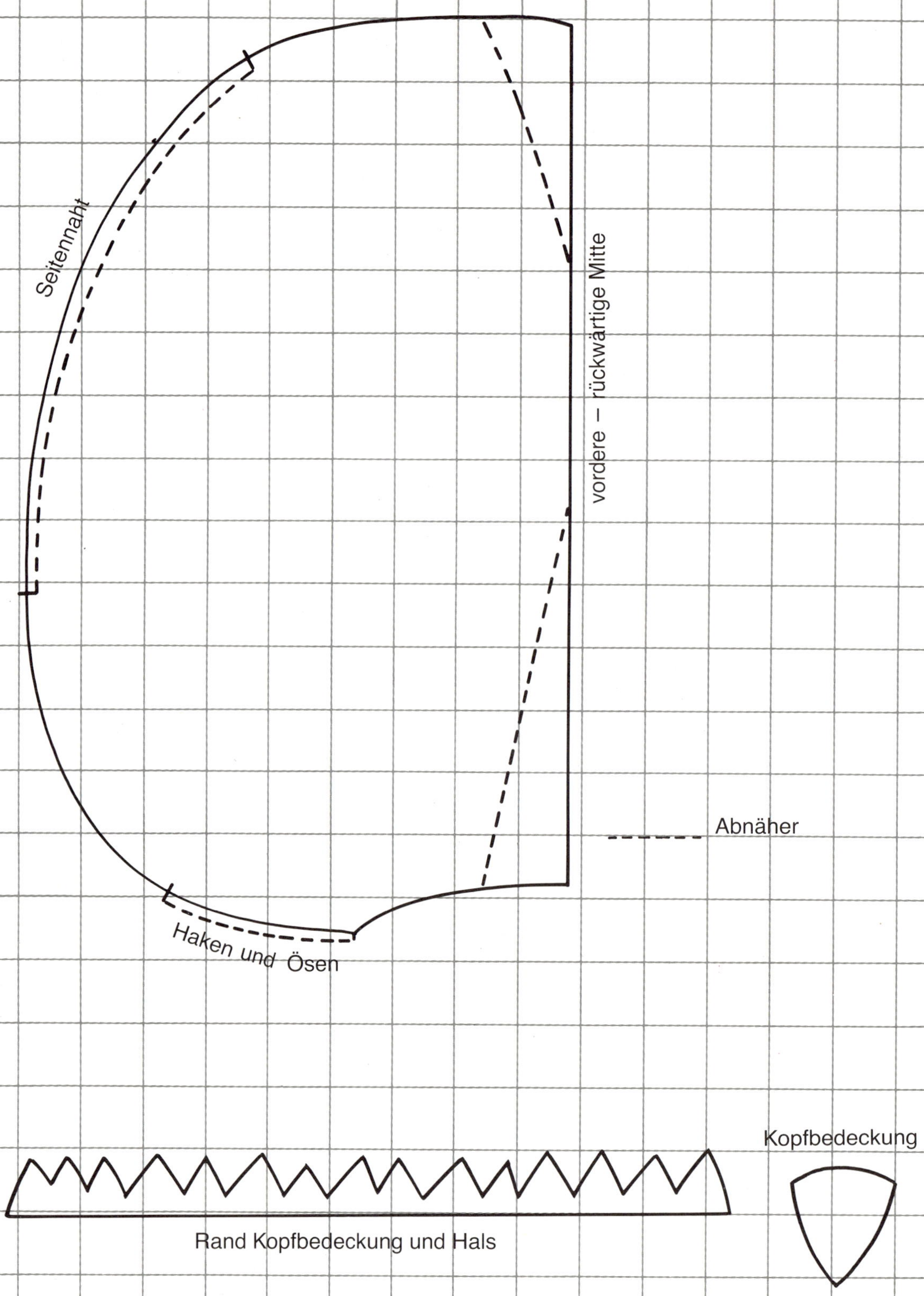

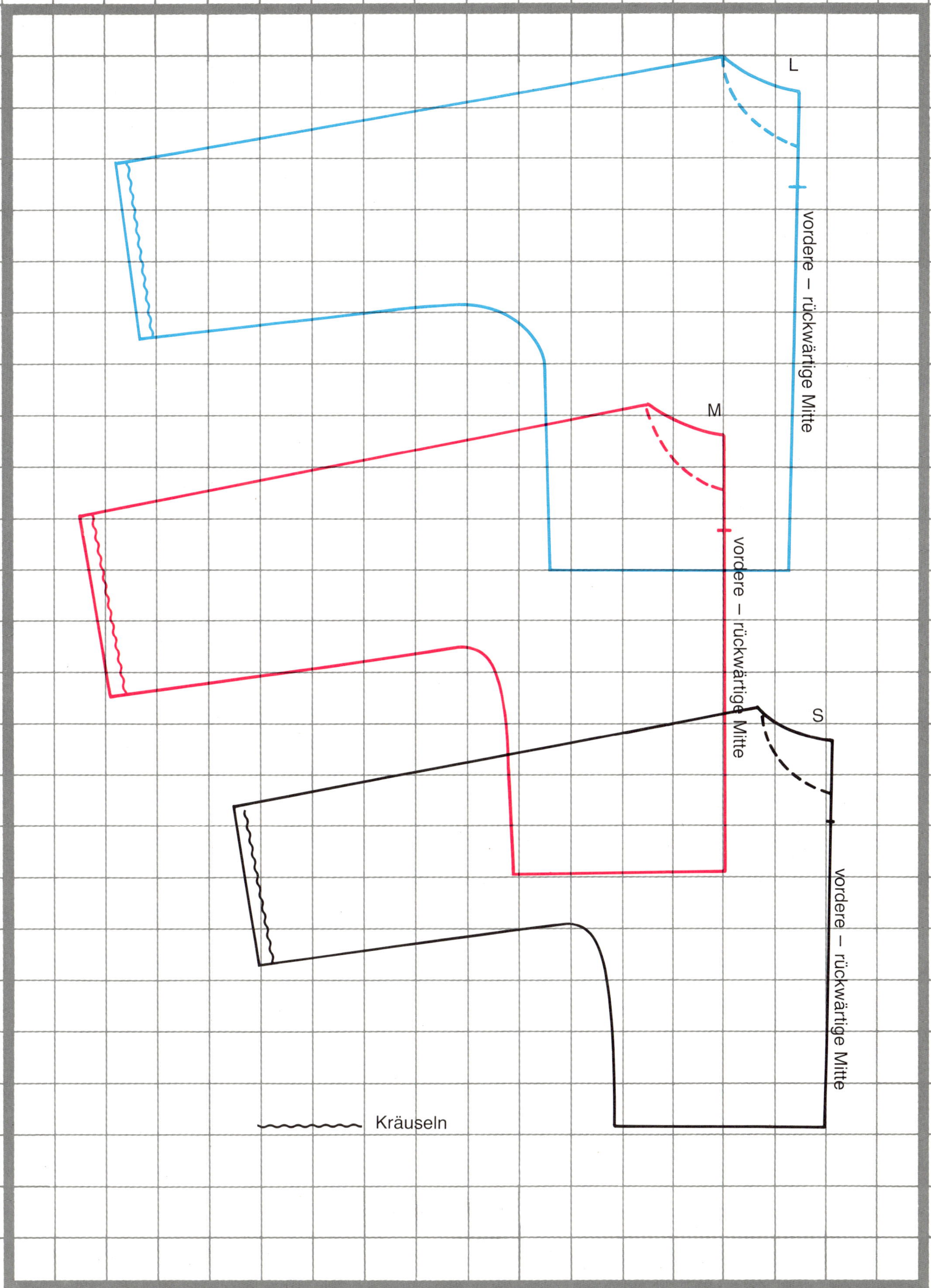
L
vordere – rückwärtige Mitte
M
vordere – rückwärtige Mitte
S
vordere – rückwärtige Mitte
Kräuseln

Traube

Stoff für die Bluse
Zartgelbes oder lila Leinen, 50 × 120 cm

Stoff für die Hose
Lila Trikot oder Leinen, 70 × 120 cm

Stoff für den Kittel
Violettblauer Trikot, 50 × 120 cm

Stoff für die Blätter
Weißer Trikot, 30 × 120 cm
Schaumgummi, 30 × 120 cm

Außerdem
1 Dose rote, grüne und gelbe Stoffarbe
Gummiband
Haken und Ösen

1
Schneiden Sie die Bluse aus.
2
Schließen Sie die Schulter- und Seitennaht. Schließen Sie die rückwärtige Mittelnaht hinten teilweise.
3
Schließen Sie den Schlitz mit Haken und Ösen.
4
Schließen Sie Ärmel, Hals und Unterseite mit einem Saum ab.
5
Schneiden Sie aus dem Schaumgummi 1× das Muster für die Traube aus.
6
Schneiden Sie das Schaumgummimuster großzügig aus dem violettblauen Stoff aus.
7
Legen Sie den Stoff stramm auf den Schaumgummi, und stecken Sie ihn fest.
8
Befestigen Sie den Stoff auf der Vorderseite mit einem engen Zickzackstich auf dem Rand des Schaumgummis. Sie können den Rand des Schaumgummis leicht fühlen und beim Nähen flachdrücken.
9
Schneiden Sie den überflüssigen Stoff ab, nähen Sie die Ziernähte.
10
Fertigen Sie die Blätter in gleicher Weise aus dem weißen Stoff und dem Schaumgummi (ca. 8×).
11
Schneiden Sie aus dem restlichen violettblauen Stoff zwei breite Bänder heraus, und umsäumen Sie sie. Befestigen Sie die Bänder in Taillenhöhe an der Rückseite der Traube. Binden Sie sie auf dem Rücken zusammen.
12
Schneiden Sie aus dem übrigen weißen oder violettblauen Stoff ein Kopfband aus. Umsäumen Sie das Band, und färben Sie es, falls nötig.
13
Stellen Sie ein gelbes Farbbad her. Verwenden Sie den Inhalt einer halben Dose. Färben Sie darin entsprechend der Gebrauchsanleitung. Gut ausspülen und naß lassen.
14
Stellen Sie ein grünes Farbbad her. Verwenden Sie den Inhalt einer halben Dose. Tauchen Sie eine Reihe Blätter ungefähr zur Hälfte darin ein. Während der Färbezeit immer bewegen, gut ausspülen und trocknen. Dann mit einem lauwarmen Bügeleisen bügeln.
15
Setzen Sie ein rotes Farbbad an. Verwenden Sie den Inhalt einer halben Dose. Tauchen Sie die restlichen Blätter darin zur Hälfte ein. Während des Färbens immer bewegen. Gut ausspülen und trocknen. Mit einem lauwarmen Bügeleisen bügeln.
16
Befestigen Sie die Traubenblätter am Haarband und an der Traube.
17
Schneiden Sie die Hose aus dem lila Stoff aus. Schließen Sie die Seiten-, Vorder- und Rückennähte. Schließen Sie die Oberseite und die Hosenbeine mit einem Saum ab. Ziehen Sie Gummiband ein. Wenn der Stoff ziemlich schwer ist, können Sie die Oberseite mit einem zusätzlichen Band noch verstärken.

Hinweis: Eventuell kann die Traubenrispe mit einem dünnen Band um den Hals befestigt werden, auf dem auch einige Blätter angebracht werden.

Zubehör
Eine dünne Strumpfhose
Schuhe, auf die einige Blätter genäht werden können.

Für Jungen
Anstatt der Haremshose mit Bluse kann ein Overall getragen werden.

Trauben

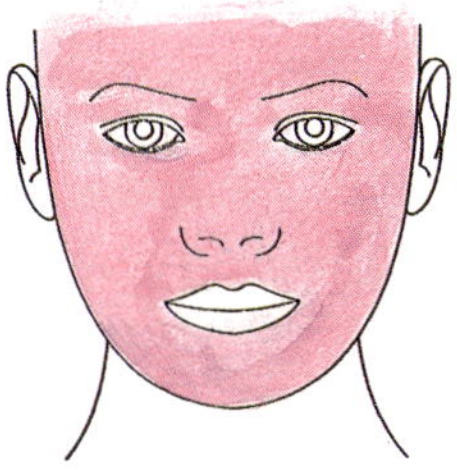

1 Eine helle, stark violette Wasserschminke wird dünn und gleichmäßig auf das Gesicht aufgetragen.

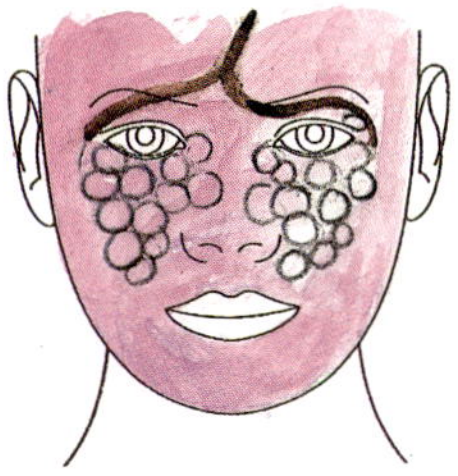

2 Mit einem schwarzen Hautfarbstift werden die Linien auf dem Gesicht gezeichnet. Der Stiel der Trauben wird mit braunem Bleistift gezeichnet.

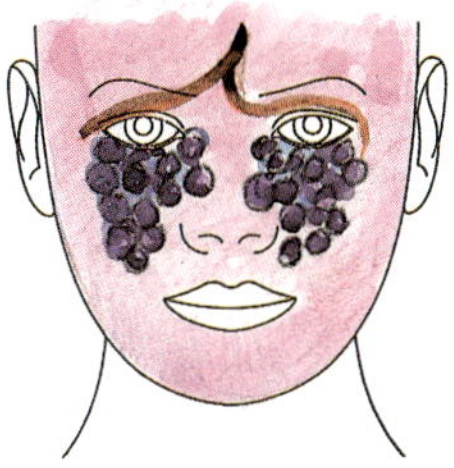

3 Mit dunkelvioletter Wasserschminke werden die Trauben ausgefüllt.

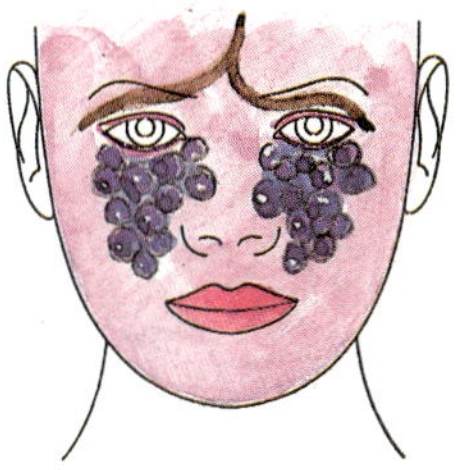

4 Die Lippen werden mit weinroter Farbe geschminkt. Die Ränder um die Augen akzentuieren.

Hinweise
Verwenden Sie immer einen hellen Grundton, damit die Farben besser herauskommen.

Muster Traube

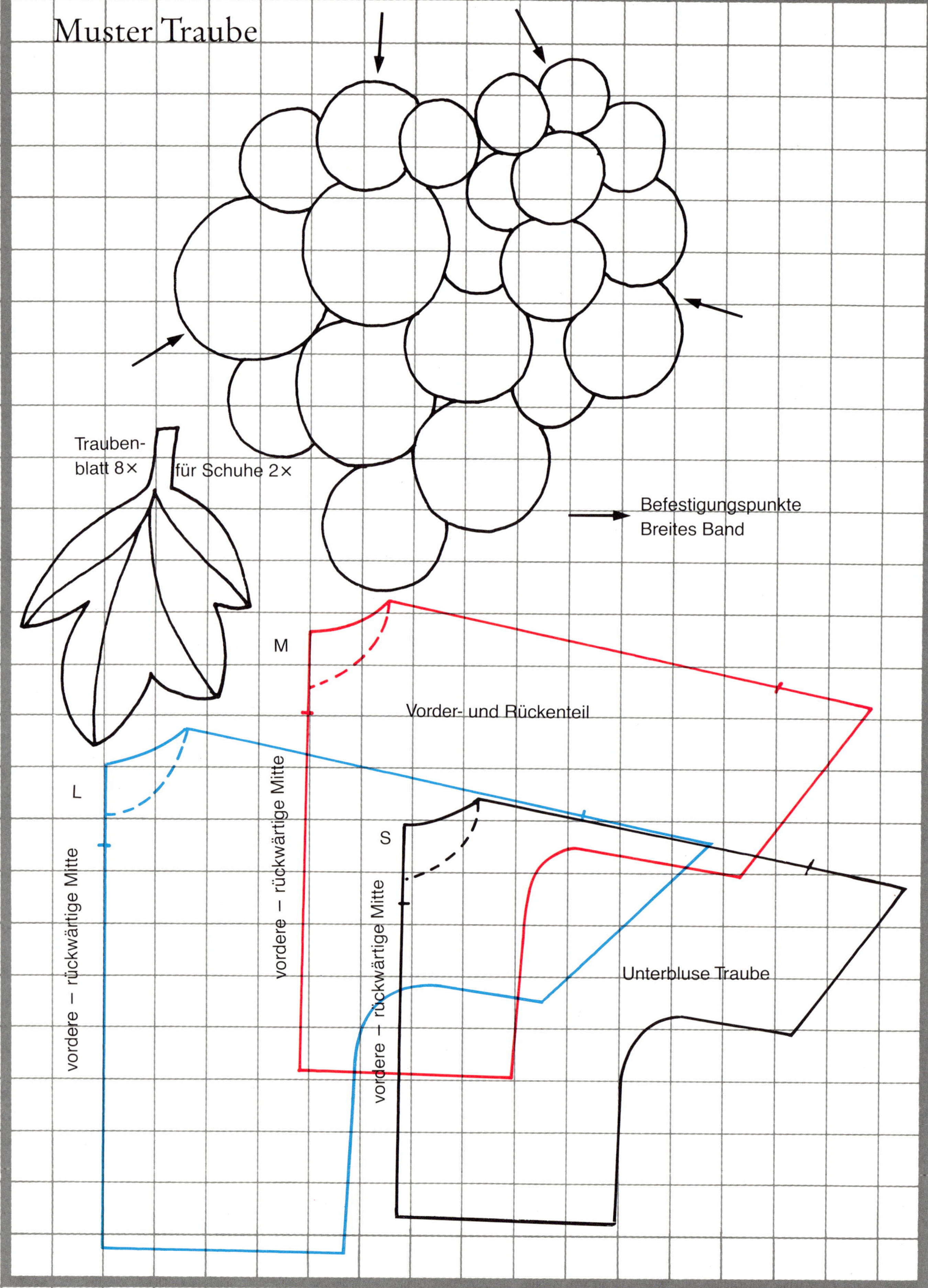

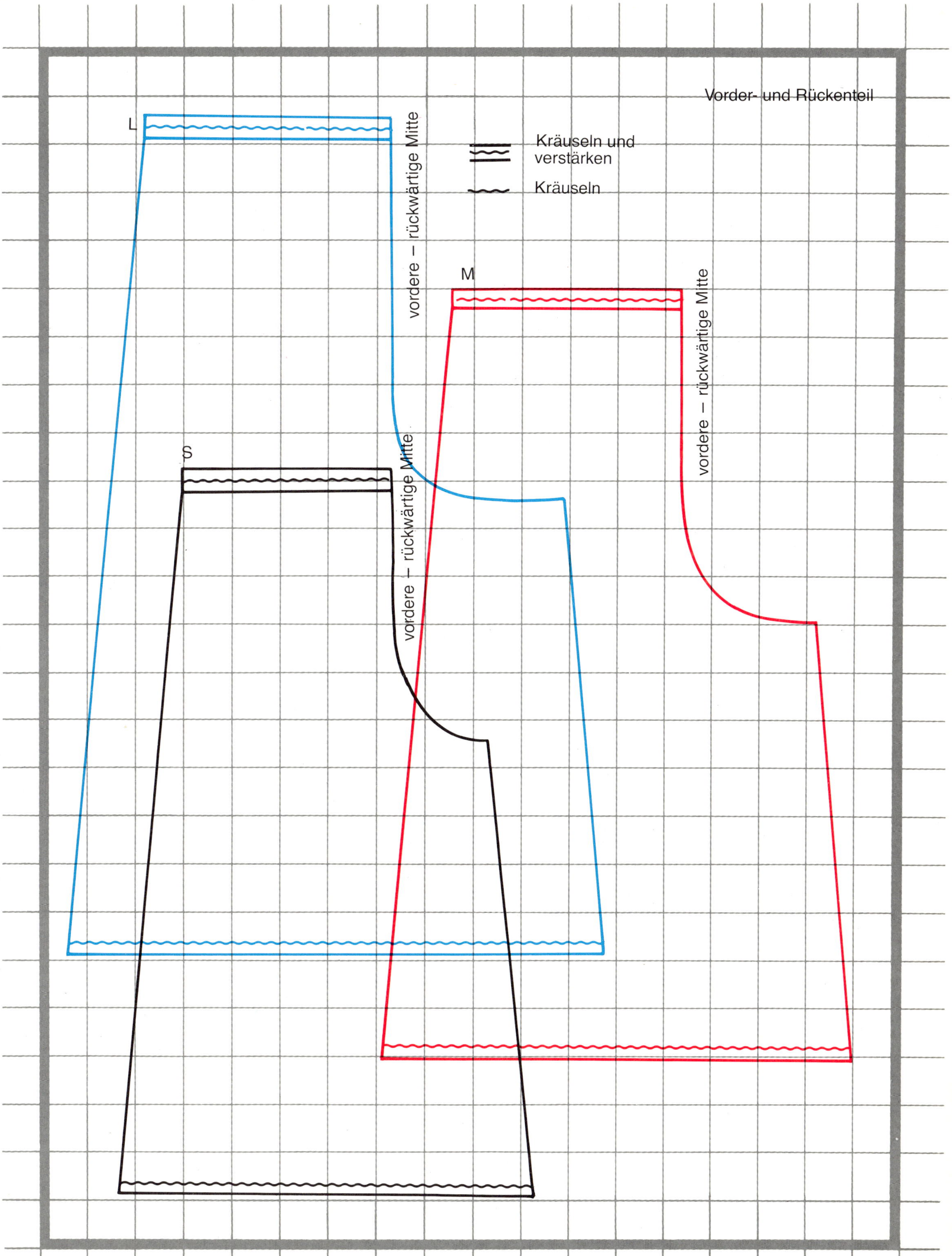
Vorder- und Rückenteil
Kräuseln und verstärken
Kräuseln
L
vordere – rückwärtige Mitte
M
vordere – rückwärtige Mitte
S
vordere – rückwärtige Mitte

Birne

Stoff für den Overall
Brauner Trikot, 120 × 120 cm

Stoff für die Birne
Weißer Trikot (gewaschen), 100 × 120 cm
Schaumgummi, 100 × 150 cm

Außerdem
1 grünes oder gelbes elastisches Haarband
Gummiband, Haken und Ösen, Klettband
1 Dose gelbe Stoffarbe
1 Dose grüne Stoffarbe
1 Dose orange Stoffarbe

1
Schneiden Sie den Overall aus.
2
Schließen Sie die Nähte.
3
Schließen Sie die Hals- und Ärmelöffnungen sowie die Hosenbeine mit einem Saum ab.
4
Ziehen Sie, wenn nötig, Gummiband in die Halsöffnung ein.
5
Schließen Sie die rückwärtige Mitte mit Haken und Ösen.
6
Schneiden Sie die große Birne aus dem Schaumgummi aus (2×).
7
Schneiden Sie die Form sehr großzügig aus dem weißen Trikot aus (2×).
8
Ziehen Sie den Trikot stramm über den Schaumgummi, und stecken Sie ihn fest.
9
Nähen Sie den Stoff mit der rechten Seite und einem engen Zickzackstich genau am Rand des Schaumgummis fest. Sie können den Rand leicht fühlen und beim Nähen flachdrücken. Schneiden Sie am Zickzackrand den überflüssigen Stoff ab.
10
Genauso machen Sie es bei der kleinen Birne (3×) und dem Blatt (5×).
11
Bei allen Schaumgummiformen werden Ziernähte, Blattnerven und Ähnliches durchgesteppt.
12
Setzen Sie das gelbe Farbbad an. Färben Sie die große Birne, die kleinen Birnen und die Blätter entsprechend den Anweisungen auf der Verpackung. Gut ausspülen und naß lassen.
13
Stellen Sie das orange Farbbad her. Tauchen Sie den unteren oder oberen Teil der Birne in die Farbe, bewegen Sie sie hin und her, damit die Farbgrenze verwischt. Gut ausspülen und naß lassen.
14
Richten Sie nun das grüne Farbbad her. Tauchen Sie den oberen oder unteren Teil der Birnen und die Blätter in die Farbe. Weiter wie oben.
15
Schleudern Sie alle Teile und trocknen Sie sie. Bügeln Sie sie mit einem lauwarmen Bügeleisen.
16
Aus einem Rest Schaumgummi fertigen Sie einen Stiel für die große Birne (2×) und nähen an deren Innenseite einen Streifen Klettband an. Nähen Sie die Stiele an die Birne.
17
Verbinden Sie auch die Seiten durch Klettband oder Kordel. Erst anprobieren!
18
Befestigen Sie eine Reihe kleiner Birnen und Blätter an dem Haarband.

Zubehör
Gymnastikschuhe und eventuell eine Strumpfhose in passender Farbe; auf die Gymnastikschuhe können Blätter oder kleine Birnen aufgenäht werden.

Birne

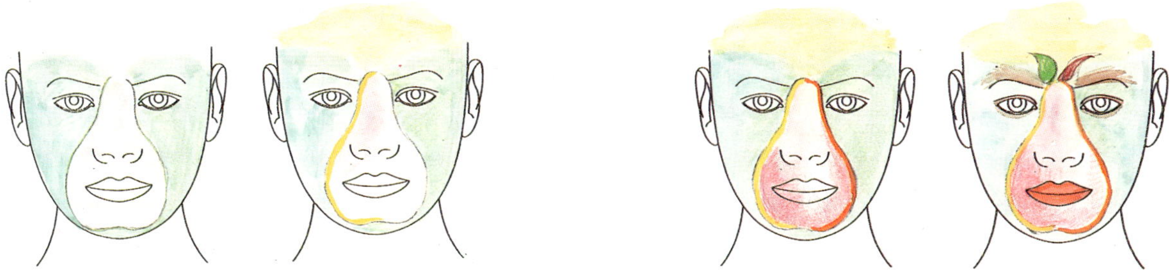

1 Mit einem dünnen Pinsel wird mit grüner Wasserschminke das Grundmuster auf das Gesicht gezeichnet. Mit Wasserschminke wird grüne Farbe aufgetragen.

2 Eine hellgelbe Wasserschminke wird gleichmäßig auf die Stirn aufgetragen. Mit einem Pinsel wird die gelbe Kontur gezogen.

3 Mit einem Pinsel wird die orange Kontur gezogen. Rote, verlaufende Farbe wird auf Wange und Kinn aufgetragen.

4 Die Lippen werden mit roter Schminke und die Augenbrauen mit brauner Schminke akzentuiert.

Hinweise
Versuchen Sie, zwischen der linken und der rechten Wange Ausgewogenheit zu erreichen.

Muster Birne

Vorder- und Rückenteil
(spiegelbildlich)

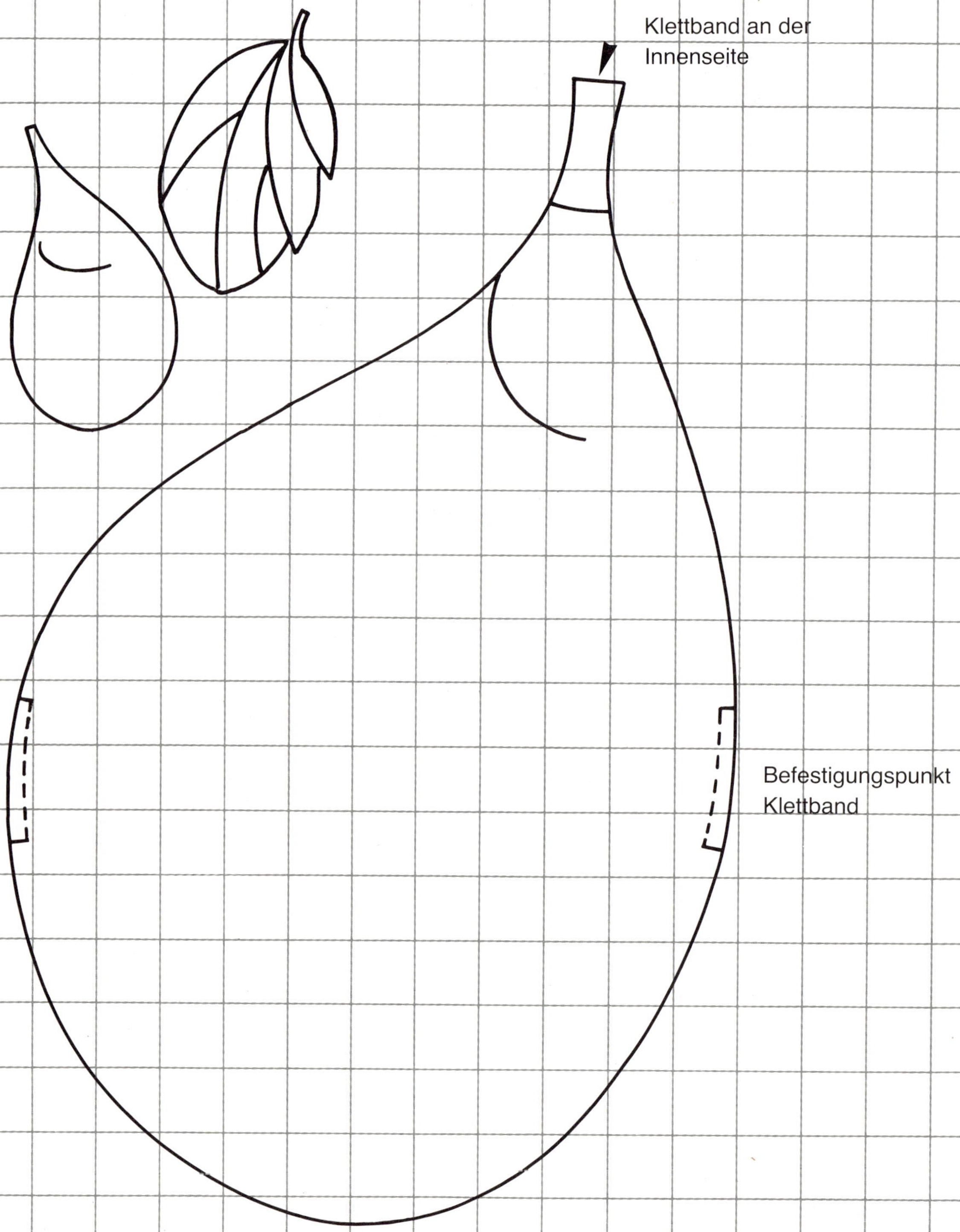

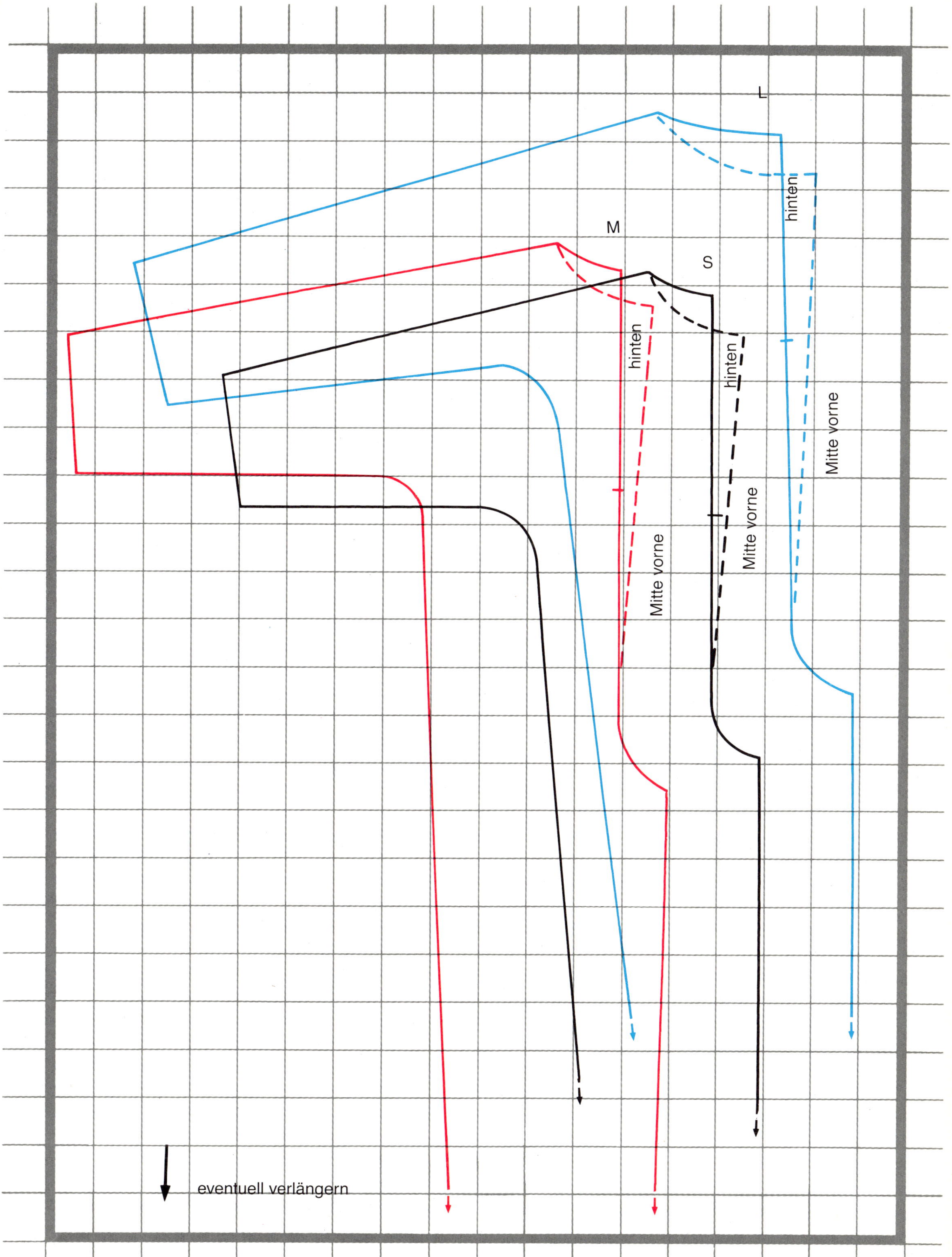
L
M
S
hinten
hinten
hinten
Mitte vorne
Mitte vorne
Mitte vorne
eventuell verlängern

Gurke

Stoff für Kleid und Kopfbedeckung
Weißes Leinen (gewaschen), 220 × 120 cm
Schaumgummi, 60 × 120 cm

Außerdem
Ein dünner gelber oder grüner Schal
Gummiband
1 Dose gelbe, grüne, blaue oder orange Stoffarbe

1
Schneiden Sie das Kleid aus dem weißen Stoff aus. Die gewünschte Länge unter den Gurken gerade abschneiden.
2
Nähen Sie die Seiten- und die Schulternähte.
3
Schließen Sie die Ärmel und den Hals mit einem Saum ab. Ziehen Sie Gummiband ein (auch nach dem Färben möglich).
4
Nähen Sie einen Streifen Schaumgummi an die Innenseite des Kleids, der so breit ist wie der Gurkenrand.
5
Zeichnen Sie an der Außenseite die Gurken.
6
Nähen Sie mit einem engen Zickzackstich die Konturen nach.
7
Schneiden Sie den überflüssigen Stoff entlang dem Zickzackrand ab.
8
Schneiden Sie die Teile der Kopfbedeckung und die Ziergurken aus dem Schaumgummi aus. Wenn auch Gurken für die Schuhe gebraucht werden, die Ziergurken 4× ausschneiden.
9
Legen Sie die Kopfbedeckungs- und Zierteile auf den weißen Stoff, und schneiden Sie sie großzügig aus.
10
Legen Sie den Stoff glatt auf die Teile, und stecken Sie ihn fest. Befestigen Sie den Stoff mit einem engen Zickzackstich mit der rechten Seite am Schaumgummi. Sie können den Rand des Schaumgummis leicht fühlen und beim Nähen flachdrücken.
11
Schneiden Sie den Stoff, der zuviel ist, entlang dem Zickzackrand ab.
12
Setzen Sie das grüne Farbbad an.
13
Färben Sie nach der Gebrauchsanweisung alle Zierelemente und alle Teile der Kopfbedeckung. Spülen Sie gut aus, schleudern und trocknen Sie. Dann mit einem lauwarmen Bügeleisen bügeln.
14
Färben Sie im selben Bad die untere Hälfte des Kleids. Bewegen Sie es immer hin und her, um die Farbgrenze zu verwischen. Gut ausspülen und naß halten.
15
Stellen Sie das blaue Farbbad her. Färben Sie in gleicher Weise die Oberseite des Kleides. Gut ausspülen und trocknen.
16
Schneiden Sie lange Stoffstreifen für den Rockrand und den Kragen aus. Setzen Sie die Teile zusammen. Schließen Sie die Ränder des Kragens mit einem Saum ab. Säumen Sie den Rockrand an einer Seite.
17
Setzen Sie das orange Farbbad an.
18
Falten Sie den Rock und die Halsränder einige Male doppelt, und tauchen Sie sie teilweise in die Farbe. Halten Sie sich an die Gebrauchsanweisung. Spülen Sie aus, und halten Sie die Teile naß.
19
Stellen Sie das gelbe Farbbad her.
20
Tauchen Sie die andere Seite des Stoffs in das gelbe Bad. Spülen Sie nach der Einwirkungszeit gut aus, trocknen und bügeln Sie den Stoff.
21
Kräuseln Sie das Rockband und befestigen Sie es unter dem Gurkenrand.
22
Ziehen Sie das Gummiband durch das Halsband, und schließen Sie es mit Haken und Ösen.
23
Befestigen Sie die Teile der Kopfbedeckung aneinander. Falls die Kopfbedeckung zu weit ist, kann sie durch Abnäher in der Mitte passend gemacht werden.
24
Befestigen Sie auf der Spitze den Schal.
25
Befestigen Sie die Ziergurken auf dem Kleid und eventuell auf den Schuhen.

Zubehör
Passende Strumpfhose
Schuhe

Für Jungen
Verwenden Sie das Muster eines der Overalls. Befestigen Sie an den Ärmelrändern und an den Hosenbeinen einen Gurkenrand wie am Rock. Die Ziergurken werden in gleicher Weise befestigt. Der gelb-orange Schal wird wie eine Schärpe um die Mitte getragen.

Gurke

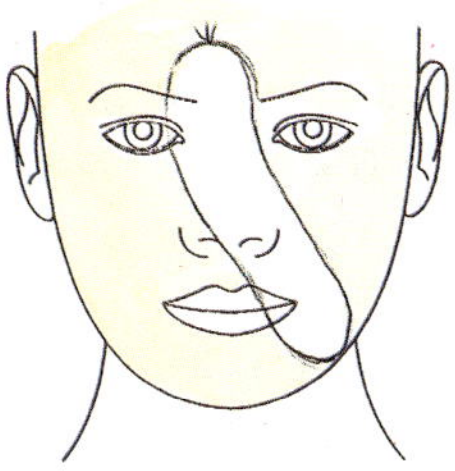

1 Gelbbraune Wasserschminke wird mit einem Schwamm aufgetragen.

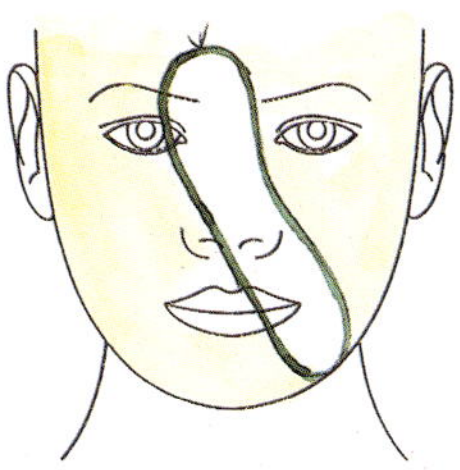

2 Mit dunkelgrüner Schminke wird das Grundmuster gezeichnet.

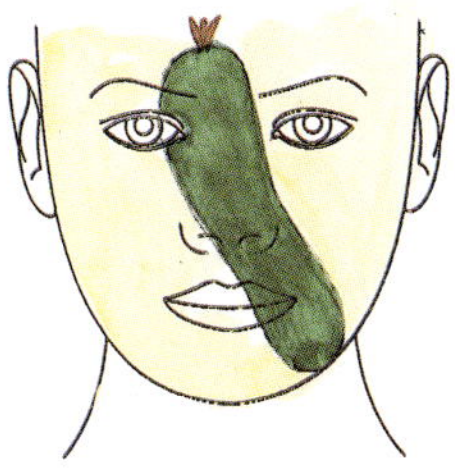

3 Die offene Fläche mit dunkelgrüner Wasserschminke ausfüllen. Oben auf der Gurke mit brauner Schminke eine Krone zeichnen.

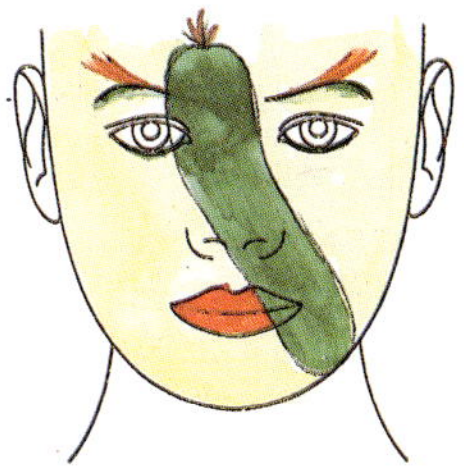

4 Der Mund wird zum Teil mit dunkelroter Farbe bemalt. Die unteren Augenlider akzentuieren. Augenbrauen mit grüner und brauner Schminke zeichnen.

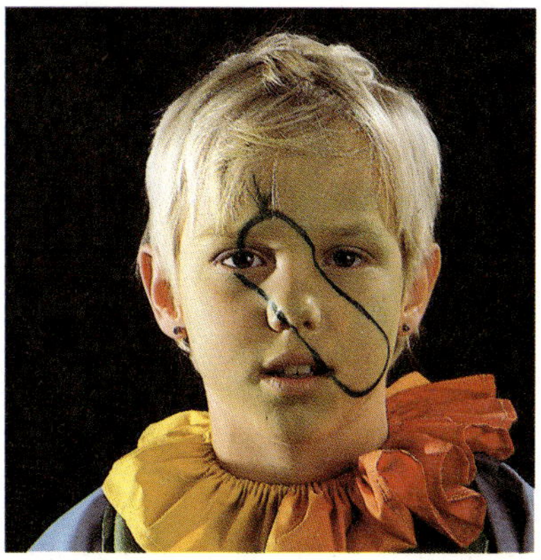

Hinweis
Puder muß von sehr feiner Struktur sein. Je feiner die Struktur, um so transparenter der Effekt. Grober Puder ist deckend, so daß von der Maske nur wenig bleibt. Die Farbe des Puders muß immer heller sein als der Grundton, weil er sonst – nach Vermischung mit dem Grundfarbton – zu kräftig wird.

Muster Gurke

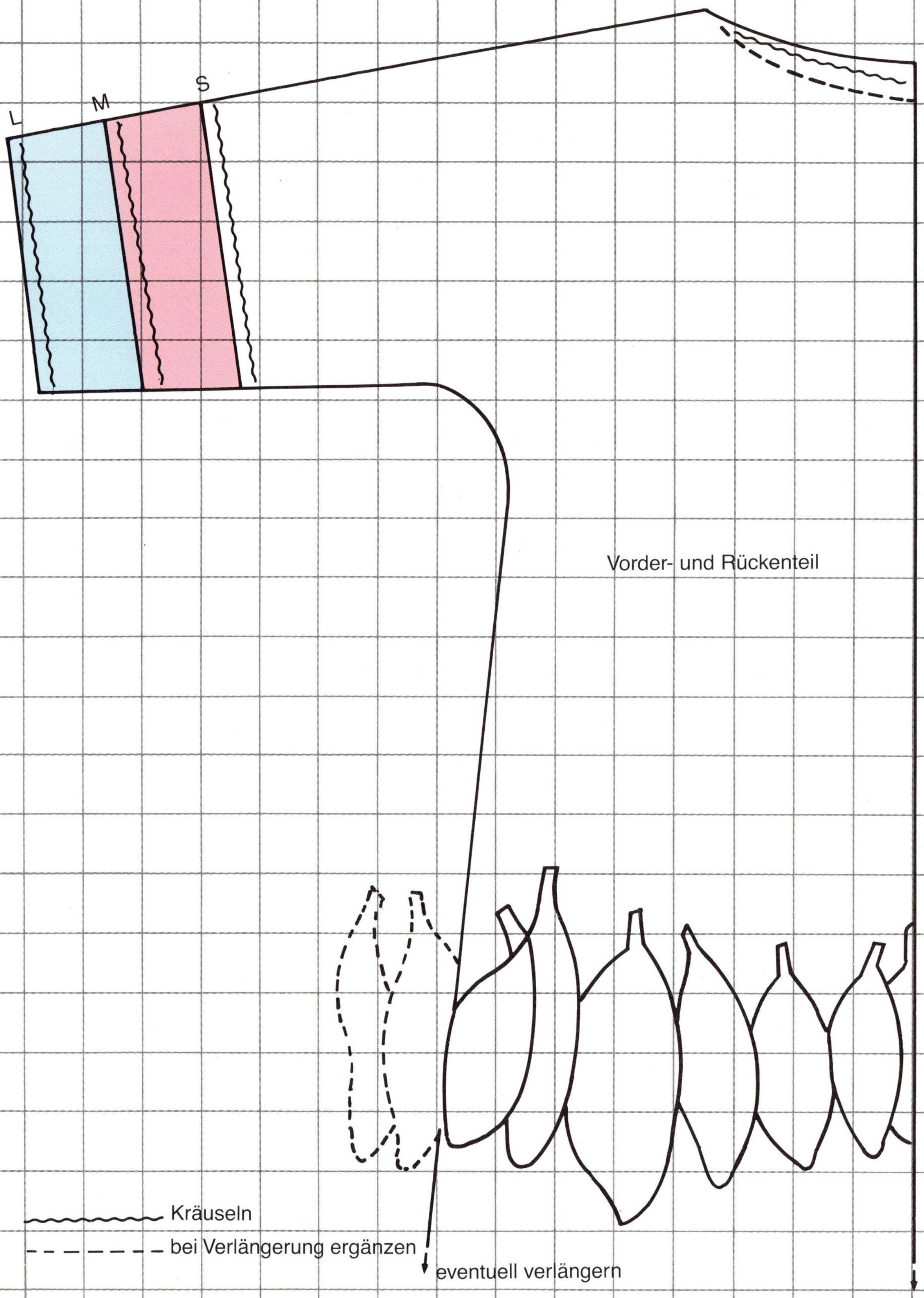

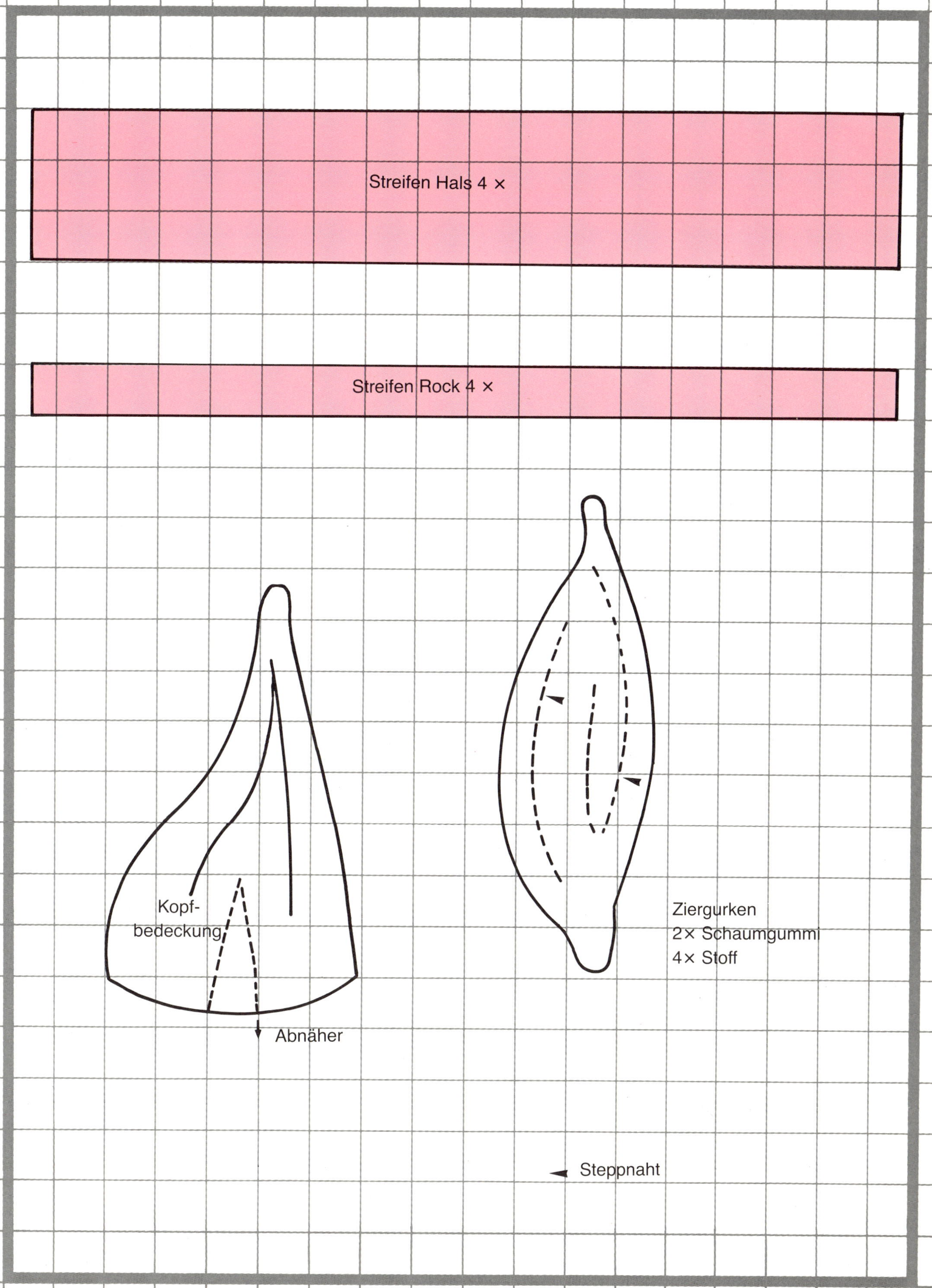
Streifen Hals 4 ×
Streifen Rock 4 ×
Kopf-
bedeckung
Abnäher
Ziergurken
2× Schaumgummi
4× Stoff
Steppnaht

Himbeere

Stoff für die Bluse
Hellgrüner Futterstoff oder Leinen, 50 × 120 cm

Stoff für Kleid, Kopfbedeckung, Kragen und Armband
Roter Trikot, 140 × 120 cm
Schaumgummi, 200 × 120 cm

Außerdem
Haken und Ösen
Gummiband

1
Schneiden Sie die Bluse aus.
2
Schließen Sie die Seitennähte, die Schulternähte und teilweise die rückwärtige Mittelnaht.
3
Schließen Sie die Ärmel, die Unterseite und den Hals mit einem Saum ab. Ziehen Sie Gummiband durch die Ärmel. Schließen Sie den Schlitz mit Haken und Ösen.
4
Schneiden Sie das Kleid aus dem roten Stoff aus.
5
Schließen Sie die Seitennähte und die Schulternähte. Schließen Sie die Armöffnungen und den Hals mit einem Saum ab.
6
Schließen Sie die rückwärtige Mittelnaht teilweise. Schließen Sie den Schlitz mit Haken und Ösen.
7
Schneiden Sie aus dem Schaumgummi ein Band von 20 cm Breite und einer Länge, die dem Umfang der Unterseite des Kleides entspricht.
8
Stecken Sie den Schaumgummi an der Innenseite des Kleids fest.
9
Zeichnen Sie auf der Außenseite des Kleids die Konturen der Himbeeren.
10
Nähen Sie mit einem engen Zickzackstich die Konturen, und schneiden Sie den überflüssigen Stoff an der Unterseite ab.
11
Schneiden Sie das Cape aus dem Schaumgummi aus. Legen Sie das Schaumgummicape auf den roten Stoff, und schneiden Sie die Form großzügig aus.
12
Ziehen Sie den Stoff stramm über den Schaumgummi, und stecken Sie ihn fest.
13
Nähen Sie mit einem engen Zickzackstich den Stoff auf den Rändern des Schaumgummis fest. Schneiden Sie den Stoff, der zuviel ist, ab. Schließen Sie die Nähte. Nähen Sie die Konturen der Himbeeren.
14
Schließen Sie den Kragen mit Haken und Ösen.
15
Schneiden Sie die Kopfbedeckung aus dem Schaumgummi aus.
16
Schneiden Sie auch die Kopfbedeckung großzügig aus dem roten Stoff aus. Ziehen Sie den Stoff stramm über die Teile der Kopfbedeckung, und nähen Sie diese mit einem weiten Zickzackstich fest. Schneiden Sie den überflüssigen Stoff ab.
17
Schließen Sie die Seitennähte der Kopfbedeckung. Probieren Sie die Kopfbedeckung an, und nähen Sie erforderlichenfalls Abnäher ein.
18
Nähen Sie einen breiten Saum an die Unterseite.
19
Legen Sie den übrigen roten Stoff auf den restlichen Schaumgummi, und schneiden Sie ca. 60 Kreisstücke mit einem Durchmesser von 8 cm aus.
20
Ziehen Sie starken Faden rund um die Kreisstücke ein. Ziehen Sie den Faden an, so daß eine Kugel entsteht.
21
Nähen Sie die Kugeln anschließend auf die Kopfbedekkung.
22
Fertigen Sie aus einem Rest Stoff ein Armband, und befestigen Sie darauf ebenfalls ein paar Kugeln.

Zubehör
Eine rote Strumpfhose
Schuhe

Für Jungen
Fertigen Sie anstatt des Kleids einen Overall ohne Ärmel. Darunter wird ebenfalls die grüne Bluse getragen. Kragen und Kopfbedeckung bleiben gleich. Ein breites Band um die Körpermitte, mit Kugeln besetzt, vollendet das Kostüm.

Himbeere

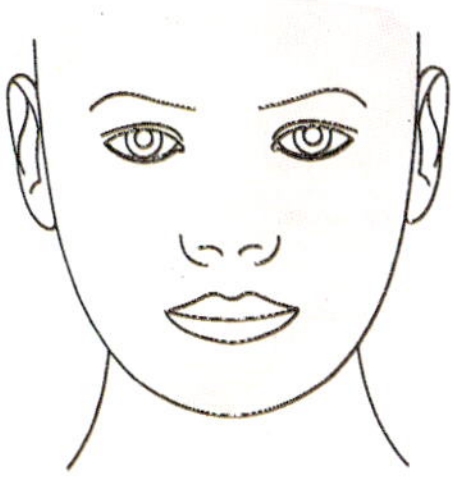

1 Das Gesicht wird dünn und gleichmäßig mit einem weiß-rosa Farbton geschminkt.

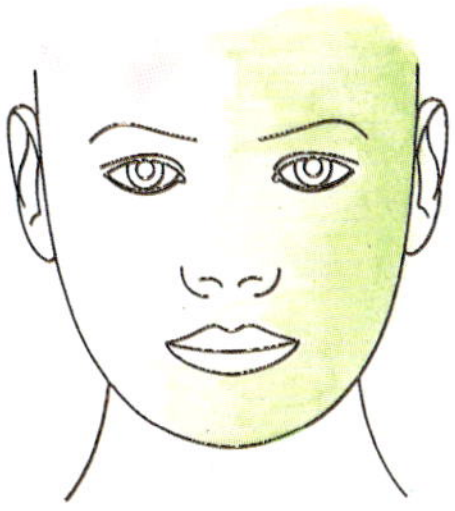

2 Nun auf einem Teil des Gesichts grüne Wasserschminke gleichmäßig auftragen.

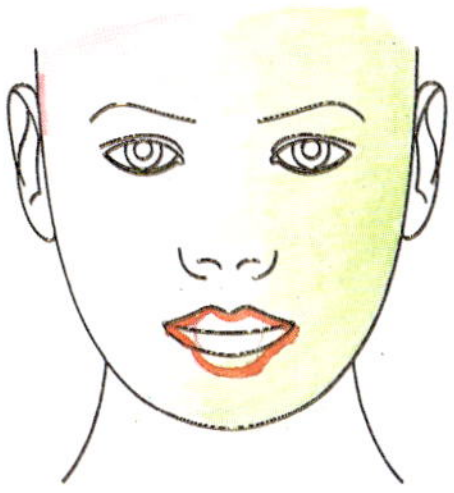

3 Der Mund wird ummalt.

4 Der Mund wird mit roter Schminke ausgemalt. Mit grüner Schminke werden die Augenbrauen gezeichnet. Die Augen werden rundherum mit rotbrauner Farbe akzentuiert.

Hinweise

Bei Verwendung von Fettschminke muß abgepudert werden. Das Pudern erfolgt, um das Ganze zu fixieren und um zu verhindern, daß das Gesicht glänzt. Ein guter, heller und neutraler Puder wird mit Schwanendaunen in die Schminke geklopft (niemals reiben), und danach wird das Zuviel mit einem Puderquast weggewischt.

Muster Himbeere

Vorder- und Rückenteil

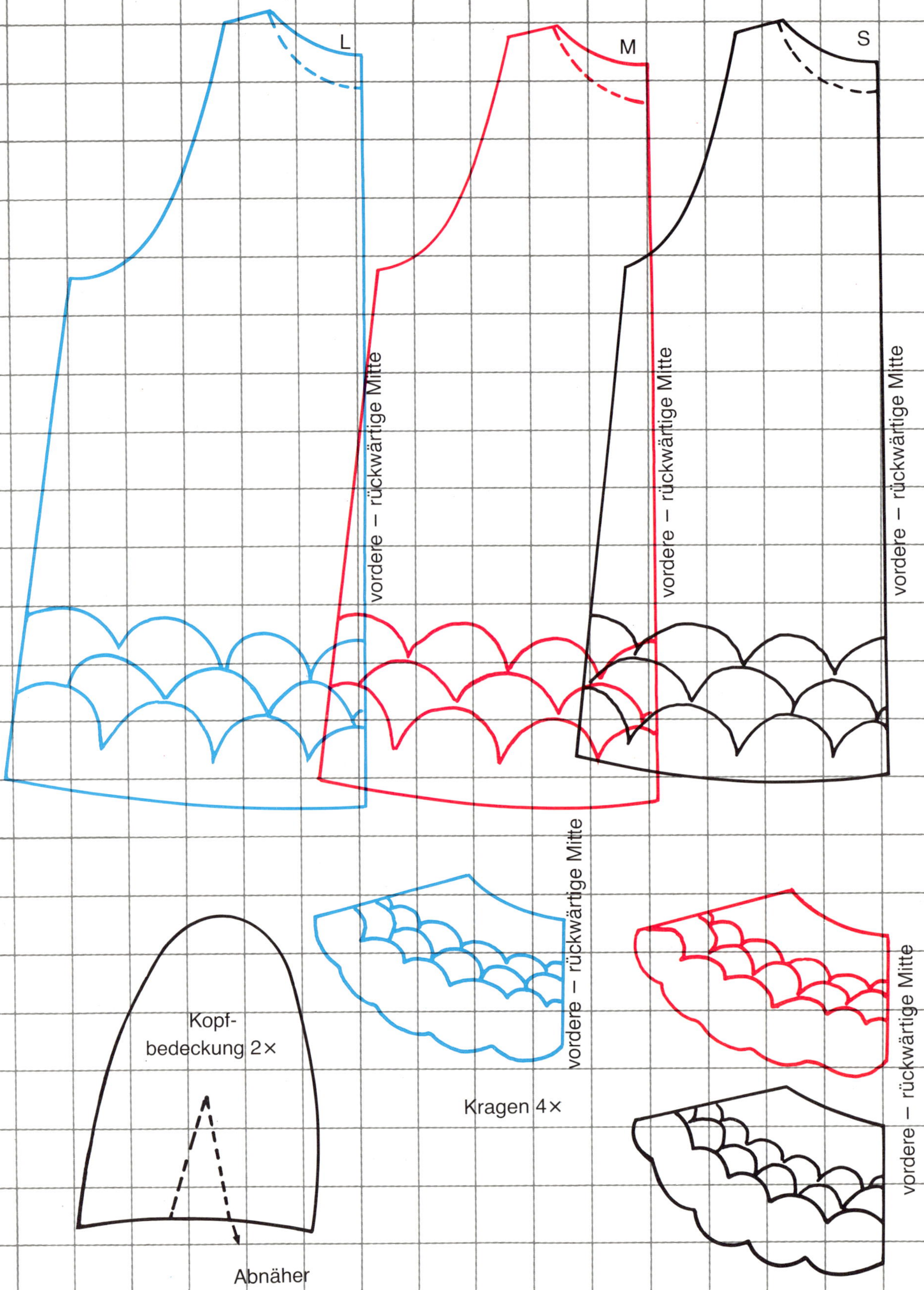

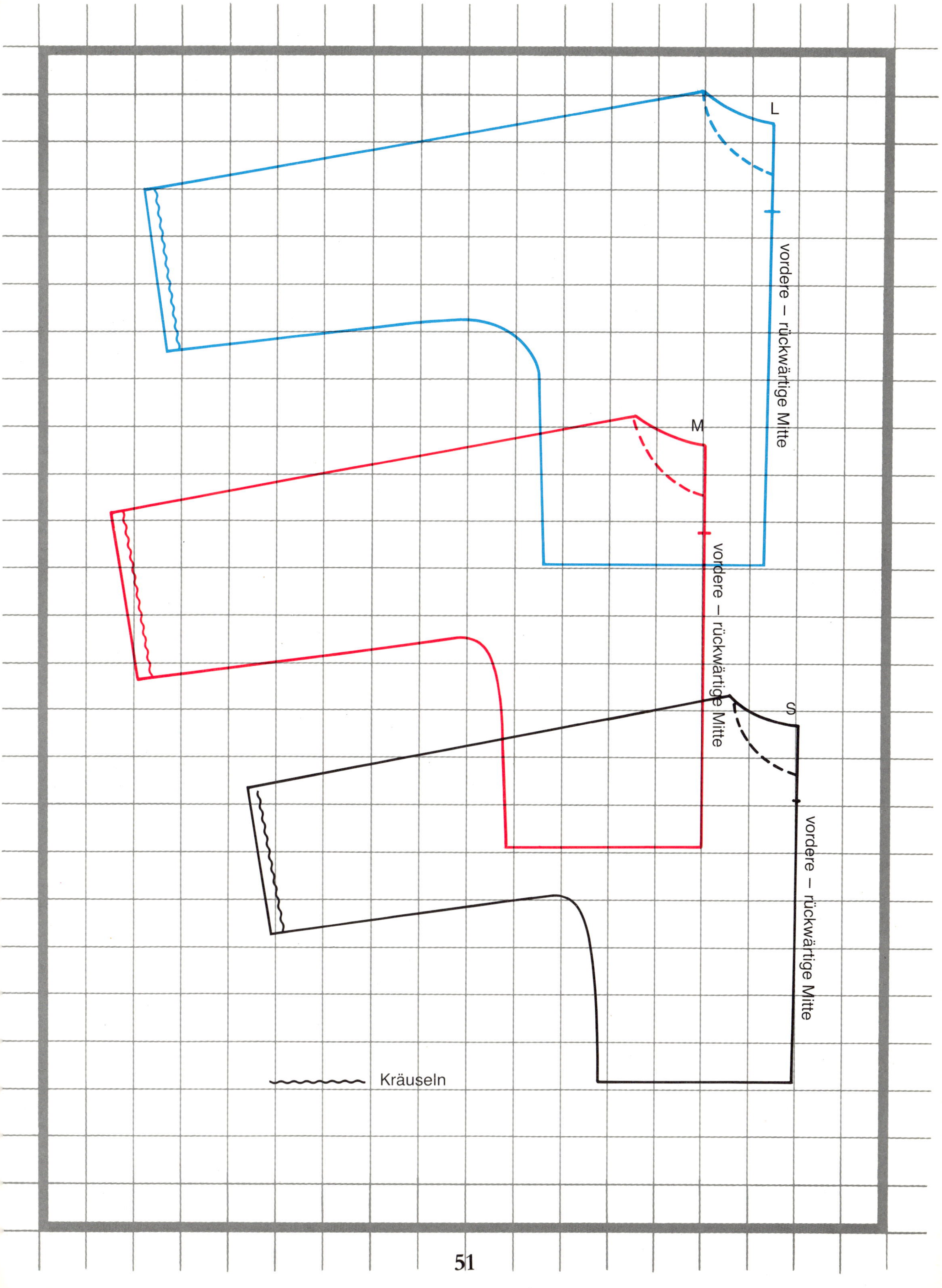
L
vordere – rückwärtige Mitte
M
vordere – rückwärtige Mitte
S
vordere – rückwärtige Mitte
Kräuseln